마흔

12

『마을』을
구독해주십시오!

―――――――

『마을』을 21세기 마을의 삶을 상상하고 실행할
"공론의 장"으로 만들어가기 위해
여러분의 구독과 후원이 절실히 필요합니다.
『마을』을 구독하고 후원하는 가장 좋은 방법은
마을학회 일소공도의 회원으로 가입하시는 것입니다.

『마을』 구입
마을학회 줄기회원으로 가입하시면 절판되지 않은
과월호와 신간호를 모두 무료로 우송해 드립니다.
비회원이신 분도 학회를 방문하여 구입하시면
정가의 20%를 할인해 드립니다.
*창간호 PDF파일은 사무국에 메일로 신청하시면 무료로 보내드립니다.

사무국　　maeulogy@naver.com
홈페이지　https://cafe.naver.com/oolocalsociety
계좌　　　농협 351-0966-6069-13 (예금주 마을학회 일소공도)
온라인서점 알라딘 / 예스24 / 인터파크도서 / 교보문고

마음

12

마을학회
회원 가입 안내

뿌리회원

가입비   2만 원 이상
혜택   마을학회 격월간 웹진《일소공도》를 보내드립니다.
　　　　『마을』을 할인가로 드립니다.

줄기회원

가입비   가입비 2만 원 이상과 월회비 1만 원 이상
혜택   마을학회 월간 웹진《일소공도》를 보내드립니다.
　　　　마을학회에서 발간하는 연구자료물을 무료로 보내드립니다.
　　　　과월호와 신간호『마을』을 무료로 보내드립니다.(절판호 제외)
　　　　마을학회가 연 2회 개최하는 강학회 참가비를 할인해드립니다.

후원회원

후원금을 기부하여
마을학회 일소공도의 활동을 지지하실 수 있습니다.
후원금액에 따른 다양한 혜택을 드립니다.

회원가입 신청 안내와 신청서 다운로드 https://cafe.naver.com/oolocalsociety

차례

열며

007 내가 있는 곳에서부터 자치는 시작된다 | 금창영

트임 **읍면 비영리 네트워크 법인(앵커조직)**

013 농촌 읍면 비영리 네트워크 법인의
설립과 운영, 그리고 발전 방향 | 구자인

044 내발성과 주민자치, 그리고 읍면 앵커anchor조직 | 황종규

스밈 **농촌으로부터**

067 사단법인 여민동락공동체, 전남 영광군 묘량면 | 권혁범

081 사회적협동조합 송악동네사람들, 충남 아산시 송악면 | 홍승미

101 사회적협동조합 나리포, 전북 군산시 나포면 | 마승철

111 함께마을교육 사회적협동조합, 전남 곡성군 죽곡면 | 박진숙

127 사단법인 한생명, 전북 남원시 산내면 | 윤용병

141 춘천별빛 사회적협동조합, 강원도 춘천시 사북면 | 최대영

153 읍면 법인 설립 지원 사례,
충남 당진시 농촌신활력플러스사업 | 김경숙

| 벼림 | **농민·농업·농촌 연속좌담 11** |
| 163 | 읍면 주민의 필요를 대변하는 비영리 네트워크 법인 ǀ 구자인, 금창영, 김정섭, 정민철, 황종규 |

| 서평 | **책 너머 삶을 읽다** |
| 186 | a.k.a. 홍성통을 위한 규칙 ǀ 안현경 |

사울 D. 알린스키 지음, 『급진주의자를 위한 규칙』(아르케, 2016)

194   저자들
197   마을 총목차

열며 | 내가 있는 곳에서부터 자치는 시작된다

금창영
본지편집위원장

7월은 논매는 시절이다

누군가에게는 7월이 청포도 익는 시절일지 몰라도, 나의 7월은 논매는 시절이다. 할 수만 있다면 논에 들어가고 싶지 않지만, 어쩌면 수확을 포기해야 할 수도 있으니 피할 수 없는 잔이다. 위로의 말인지 몰라도 주변 사람들은 '논에 들어가지 말라'고 한다. 그만큼 힘든 일이고, 밖에서는 보이지 않던 풀들이 끊임없이 드러나니 차라리 외면하는 것이 낫다는 의미로 들린다.

  풀이 정신없이 자라는 것은 밭이라고 다르지 않지만, 일기예보에 우산이 사라지지 않는 우기에 밭을 덮은 풀은 그저 밖에서 바라만 봐야 할 존재이다. 반면에 논은 어떤 환경에서도 농부를 받아준다. 논매기를 시작할 즈음에는 벼도 어리지만 풀도 어리다. 그러니 맨손이 적당한 도구이다. 그렇게 5일이 지나고, 일주일이 지나면 손톱 색이 변한다. 얼핏 보면 봉숭아 물을 들인 듯 곱기도 하다. 물론 비누칠로도 지워지지 않는다. 그렇게 며칠이 더 지나면 일상에서 손이 화끈거리는 것이 느껴진다. 더불어 손톱과 그 곁의 살이 벌어져 쓰라린 느낌이 들기 시작한다. 이제 고무장갑이 등장한다. 아무래도 장갑을 끼면 감각이 둔해지지만, 풀이 어느 정도 자랐으니 문제가 되지 않는다. 어찌 이리 시기가 잘 맞는다는 말인가?

논에서는 네 발로 기어야 한다. 한 번 들어가면 한 시간마다 논둑에 나와 쉰다는 것은 상상할 수 없다. 들어가고, 나오는 것도 일이다.

그래도 즐겁고 보람 있는 일이다. 벼 주변의 풀을 정리하면서 벼의 숨통을 틔워준다는 생각이 들고, 일을 마치고 논둑에서 보는 벼들의 줄을 이루는 모습은 뿌듯한 마음까지 들게 한다.

함께 무언가를 도모해야 할까

그렇다. 논밭에 있는 시간만큼 평화롭고, 집중이 가능한 시간도 없다. 매해 조금씩 다르지만 올해는 '동료란 어떤 존재인가?' '함께한다는 것은 어떤 의미일까?'라는 화두를 잡고 시간을 보냈다.

대한민국 사람이면 대부분 알고 있을 각 지역에 권역외상센터가 들어서는 데 지대한 공을 세운 의사의 말과 글에서는 세상과 의료 시스템의 답답함과 속상함이 묻어난다. 그런 그도 마지막 부분에서는 항상 희망을 이야기한다. 그 희망의 근거는 동료들이다. 그에게 동료는 힘들지만 의미 있는 길을 함께 가는 이들이다. 그리고 서로에게 힘이 되어주는 존재이다.

분명 의미 있고, 힘든 길을 가는 농부인 나에게도 이런 존재가 있을까? 그렇다. 있다. 논에 처박혀 꿈쩍도 하지 않는 트랙터를 바라보고 있을 때나, 고라니 피해를 입어 잎이 하나도 남지 않은 콩밭에서, 탄저병으로 성한 고추를 찾을 수 없는 고추밭에서 전화하면 하소연을 들어줄 동료들이 있다. 그들은 절대 가르치려 들지 않는다. 끝까지 하소연을 들어주고, 그것이 어떤 의미인지 깊이 공감할 뿐이다. 그들에게는 얕은 지식으로 떠들어대는 깡통소리가 들리지 않는다. 비록 일상의 언어들뿐이지만, 현장에서 손마디가 굵어진 이들에게서나 들을 수 있는 깊은 내공으로 채워져 있다.

학습하고 소통하고 연대하라

이번에 발행하는 『마을』 12호의 주제는 '읍면 비영리 네트워크 법인(앵커조직)'이다.

어쩌면 농촌에 살고 있거나 농촌 정책에 관심 있는 이들에게도 낯선 주제일 수 있다. 이미 이야기가 등장한 것은 몇 년 시간이 지났지만 별로 주목하지는 않았던 듯하다. 물론 『마을』에서 이 부분에 주목하는 것은 현장의 다양한 경험들로 필요를 실감한 데 있다.

갖가지 사업과 정책이 중구난방으로 시작되고 소리 없이 사라진다. 면사무소 복지담당자는 본인도 민원인이 요청하면 자료를 찾아보아야 그런 사업이 있다는 것을 확인할 수 있다고 말한다. 이런 상황에서 현장의 조직들이 필요를 인식하고, 장기적인 계획하에 사업을 구상한다는 것은 상상 속에서나 존재한다. 농림축산식품부가 새로운 정책을 발표하면 3시간 이내에 농민단체들이 현실성 없다는 반대성명을 발표하는 것이 너무도 익숙하지 않은가?

인구감소와 고령화라는 전체 지역사회의 위기 상황에서 농촌 마을 주민의 생활권은 여전히 읍면이다. 읍면을 중심으로 하는 단단한 네트워킹 조직이 전체 마을의 필요와 문제 해결을 함께 이루어가고 관과도 협력적인 관계를 맺어나갈 수 있다면 위기의 농촌에도 희망이 있지 않을까?

당연히 대부분의 면 단위에는 이렇다 할 조직이 존재하지 않는 경우도 많다는 것을 잘 알고 있다. 하지만 지금까지 그래왔던 것처럼 당연히 이 주제도 마을로부터의 발신이고, 논의가 시작되었음을 알리는 마중물로서의 의미로도 충분하다.

『마을』 12호에는 스밈에 많은 글을 배치했다. 트임의 구자인과 황종규의 글로 주제의 핵심 관점과 방향을 안내하였고, 스밈의 글은 이미 실행되고 있는 현장의 경험들이다.

공통의 특징과 차이를 발견하고, 고민을 시작하는 것은 읽는 이의 몫일 테지만, 스밈의 모든 글들이 짧지 않은 기간 동안 현장에서 치열하게 부딪치고, 시도하고, 학습하고, 소통하고, 연대한 결과라는 것은 자명하다. 좌담은 역시 앵커조직에 대한 고민을 일상의 언어로 풀어 논의를 더욱 풍부하게 하고, 안현경의 서평은 본인의 경험을 서평의 형식을 빌어 유쾌하게 녹여냄으로 울림이 있다.

또 한 권의 학회지가 만들어졌다. 올해는 여기서 멈추지 않고, 13호까지 계획하고 있다.

학회지를 준비하며 내내 두 가지 질문을 염두에 두었다. 그중 하나는 '이 책은 과연 지구의 자원을 소비하면서 만들어질 가치가 있는가?'이고, 나머지 하나는 '이 책은 습관적으로 호수를 늘려가고 있는 것은 아닌가?'이다.

그 평가는 당연히 이 글을 읽고 있는 당신의 몫이다.

팀

읍면 비영리
네트워크 법인
(앵커조직)

농촌 읍면 비영리 네트워크 법인의 설립과 운영, 그리고 발전 방향 ｜ 구자인

내발성과 주민자치, 그리고 읍면 앵커anchor조직 ｜ 황종규

농촌 읍면 비영리 네트워크 법인의 설립과 운영, 그리고 발전 방향

구자인
마을연구소
일소공도 소장

 농촌문제가 점점 더 심각해지면서 농촌소멸론을 주장하는 논의가 계속 확산되고 있다. 정책적으로는 대규모 지역개발과 중앙정부 공모사업 및 대기업 유치를 강조하는 외발적外發的, exogenous(외생적) 발전 전략이 다시 확산되고 있다. '사람과 조직'을 강조하는 주체 중심의 관점에서 다시 유행처럼 사업 아이템을 쫓아가는 문제가 반복된다. 정권이 바뀔 때마다 나타나는 현상의 하나라 볼 수도 있지만, 현장의 의견을 조직적으로 대변하는 단체와 법인이 불분명한 탓이 크다. 농민단체는 좁은 의미의 농산업과 소득 보장에만 집중하는 경향이 있고, 농업의 공간적 기반인 지역사회에 대한 관심은 여전히 적다. 이런 상황에서도 아주 일부 농촌지역이지만 현장에 뿌리내려 튼튼하게 활동하는 주민조직이 보이고, 이런 조직을 통해 우리는 농촌 사회가 지속가능할 수 있다는 희망을 발견한다.
 이 글은 농촌 읍면에 기반하여 활동하는 '비영리 네트워크 법인'에 주목하고, 이런 법인이 왜 중요하고 어떤 의미를 가지는지, 규범적으로 개념과 성격을 어떻게 규정하고 접근해야 하는지 먼저 정리한다. 또 전국의 몇몇 사례를 참고하여 설립 경로를 간단하게 비교하고 사업 운영의 틀을 제안한다. 그리고 전국적으로 확산시키는 방향, 특히 정책사업을 활용하는 방안과 제도개혁을 제안한다. 마지막으로 현재의 앵커조직이 앞으로 나아가야 할 발전 방향도 제시한다. 전국적으로 사례가 많지 않기 때문에 선험적인 경험을 바탕으로 작성한 것이라 미흡한 점이 많다. 그동안의 경험을 반성하며 지방자치 및 민관협치라는 관점에서 향후 나아가야 할 방향을 보여주는 시론적인 글에 해당한다. 이 글이 현재 농촌 정책의 한계를 극복하고, 읍면 현장에서 활동하는 민간 주체가 서로 협력하는 계기로 활용될 수 있도록 많은 토론이 일어나기를 기대한다.

우리는 왜 '읍면 비영리 네트워크 법인'에 주목하는가

첫째, 지방자치의 역사적 측면 :
읍면 단위 주민자치 실현의 핵심 주체

역사적 측면에서 농촌의 읍과 면은 원래 지방자치단체였다. 많은 사람들이 잊고 있지만, 지방자치법이 제정되던 1949년만 해도 시와 읍면이 자치단체로 규정되었고, 1956년과 1960년에는 단체장과 의원도 주민 손으로 직접 선출하였다. 그러나 1961년에 군사정부가 들어서며 자치단체 지위를 잃어버렸고 30년 만인 1991년에 지방자치 선거가 다시 부활될 때에는 읍면이 아닌 시군이 자치단체가 되었다. 그러고도 30년 이상 시간이 흘러 이제 읍면 자치는 기억 속에서 사라졌다. 읍과 면에 정책 기능이 없으니 주민참여는 형식적이고 좋은 사례도 당연히 만들지 못하고 있다. 주민이 지역사회의 주인공으로 역할을 다하기 위해서는 권한과 책임이 동시에 필요하다. 자치분권이 읍면 단위로도 크게 확장되어야 하고, 읍면 비영리 네트워크 법인을 설립해야 한다고 주장하는 배경에는 이런 역사적 이유가 있다.

　농촌 정책에서 정책 칸막이를 극복하고 주민생활권 단위로 정책의 실질적 융복합을 강력하게 추진하기 위해서도 읍과 면은 중요하다. 시군 단위로는 제도적 차원의 민관협치(거버넌스)로 작동될 수밖에 없고, 실질적인 주민참여와 민관협력은 읍면 단위에서 가능하기 때문이다. 이를 위해서라도 읍면 행정의 개혁과 주민자치회 전환이 핵심과제이고, 또 읍면에서 중간지원조직 역할을 수행할 수 있는 비영리 네트워크 법인이 꼭 필요하다. 이런 방향성에 대해 행정도 민간도 사전에 충분히 학습할 필요가 있고, 제도개혁과 병행하여 민간의 자치역량이 지속적으로 성장하고 축적될 수 있는 기회와 '시간적 여유'를 제공해야 한다. 작은 영리, 비영리 법인들이 읍면 단위로 다시 모여 일상적이고 지속적인 협력 네트워크를 구축해야 한다. 그래서 지역문제 해결을 공동으로 모색해야 각 조직의 존립 기반과 지속가능성도 더욱 확장된다.

둘째, 농촌 정책의 한계 극복 측면 :
주민 주도의 지역사회 만들기

농촌 정책에서 '주민 주도, 상향식' 방법론은 20년 이상 시도되었다. 하지만 정책과 현장의 괴리(간극)는 여전히 극복되지 못하고 있다. 행정은 주민의 역량을 의심하고, 민간은 행정이 현장을 모른다고 비판한다. 그러면서 이런 괴리를 극복하기 위한 구체적인 실천론은 발전하지 못하였다. 그러는 사이에 농촌은 더욱 어렵고 힘든 상황이 반복되고 있다. 농촌소멸을 오히려 부추기고 정당화하는 농촌소멸론도 더 확산되고 있다. 지방소멸'대응'기금조차 지방소멸을 더 '촉진'하는 사업이 아니냐는 비판도 등장한다. 여전히 농촌 정책에서 농촌재생을 위한 '사람과 조직' 문제는 해결되지 못하고 있다. 정부의 지역개발 공모사업은 매력 있는 '아이템'에만 주목하고 외부 연구용역에만 의존한 계획서를 심사하는 것에 그친다. 농촌협약 내역사업이나 농촌공간정비사업, 지역혁신타운, 균형발전, 지방소멸대응기금 등의 정책사업이 대표적이다. 이런 악순환은 반복되고 지역사회의 내발적內發的, endogenous(내생적) 역량을 강화하려는 중장기 노력은 여전히 보이지 않는다. 민간 주체의 발굴과 육성을 체계적으로 지원하여 영리, 비영리 법인으로 성장하도록 강조한 농촌신활력플러스사업도 이제 6년차를 맞이하지만 중장기 관점과 전략은 여전히 미흡하다.

마을만들기라는 주민자치운동의 실천 경험을 바탕으로 지자체 행정에 정책적으로 강하게 요구했던 중간지원조직은 결국 시군 단위로 설치될 뿐이다. 현장성과 전문성, 지속성을 강조했지만 소수의 상근자가 현장에 밀착하는 것 자체가 현실적으로 어렵다. 처음부터 예상했던 것이지만 이제는 읍면 현장에 더 밀착하여 전문적으로 실천할 수 있는 민간 주체가 필요하다. 이런 역할을 담당하는 주체로 읍면 단위의 비영리 네트워크 법인을 상정할 수 있어야 한다. 그래야 시군 단위의 중간지원조직도 제 역할을 할 수 있다. 그래서 행정도 '사람과 조직'의 관점에서 민간 주체를 의식적으로 육성하려는 '정책적 인큐베이팅'이 강하게 요구된다. 행정 공무원의 순환보직제 문제를 극복하면서 5년, 10년 앞을 내다보며 민간 주체를 육성해야 농촌재생도 기대할 수 있다. 자치분권 측면에서 읍면에 사무권한을 더 과감하게 이양해야 한다. 행정도 민간도 이런 점을 명확하게 인식해야 정책과 현장 사이의 괴리를 극복하고, 농촌 주민의 소박한 '꿈과 희망'도 실현할 수 있으며 다양한 시행착오를 줄이면서 더 활발한 주민참여를 기대할 수 있다. 민간도 그동안의 실천 경험을 체계적으로 주장하자면 이런 비영리 네트워크 법인을 의식적으로 설립해야 한다. 이렇게 주민참여와 제도개선(행정

개혁)을 병행하며 '주민 주도 농촌재생'의 전략을 수립해야 한다. 이런 정책적 이유, 자치운동의 방법론으로 읍면 네트워크 법인이 다시 부각되는 것이다.

셋째, 농촌 풀뿌리 자치운동 측면 :
선진지역의 실천 경험 반영

전국에는 232개 읍과 1,180개 면이 있다. 이런 농촌지역에는 다양한 민간조직이 설립되어 있는데, 대부분 정부 정책과 제도에 따라 칸막이로 설립된 조직들이고, 광역이나 시군 지자체의 지부 성격에 그치는 경우가 대부분이다. 주민 스스로의 필요에 따라 설립한 영리, 비영리 법인은 의외로 드물다. 그럼에도 소위 선진지라 불리는 지역에는 관변단체나 자생단체 이외에 지역문제를 스스로 풀어가기 위해 설립한 다양한 법인이 있다. 물론 전국적으로 이런 법인이 등장했고 열심히 노력했지만, 도중에 좌절하는 사례가 더 많을 것이다. 농민단체 활동가들은 이미 노쇠했고, 청년활동가는 천연기념물 같은 존재가 되었다. 새롭게 등장한 귀농·귀촌인들도 지역사회와 갈등을 겪으며 '뒤로 숨는' 경우가 많다. 이런 시행착오를 줄이고 예방할 수 있는 방법론을 빠르게 학습해야 한다. 시간이 그렇게 많지 않기 때문이다. 다행히 2021년부터 민간 스스로 읍면 단위의 선진지역이 매년 1회 모이는 전국 네트워크 활동이 시작되었고, 이런 구조적 과제에 대해 근본적인 질문을 던지고 있다.

제1회 대회는 2021년 12월에 충남 홍성군 장곡면에서 개최되었다. 전국의 13개 면 단위 활동가가 모여 그동안의 활동 경험을 공유하고 다음과 같은 공통의 애로사항과 당면과제를 확인하였다.

(1)기초자치단체가 읍면에서 군으로 확대되면서 주민참여가 쉽지

않고 '현장과 정책 사이의 괴리' 문제가 매우 심각하게 나타나고 있다. (2)소위 선진지역으로 발전해온 핵심인 경로의 출발점에는 일상적인 학습운동이 있었지만 선주민으로까지 확장하기가 쉽지 않다. (3)현장 활동의 주체가 되는 '사람과 조직'의 육성이 매우 중요한데, 상근·반상근 활동가의 안정된 인건비 확보가 매년 가장 큰 문제다. (4)최근에 가장 집중하는 활동 분야로 농촌복지 사례가 공통적으로 증가하는데, 관련 기관·단체와의 협력 네트워크 구축이 만만치 않다. (5)주민자치회로의 전환 혹은 연계협력이 중요하다는 점은 충분히 인정하지만, 지역사회 분위기에 따라 매우 다르게 나타난다. (6)읍면 행정과의 협력도 중요하게 생각하지만 공무원 순환보직제와 권한 미약으로 신뢰 관계가 잘 형성되지 않는다. 이런 점들을 확인하며 '아무리 바빠도 1년에 한 번씩은 만나 서로의 경험을 공유하고 시행착오를 줄이자'는 약속을 하였다.

제2회 대회는 2022년 12월, 지방소멸 1순위라는 경북 의성군 안계면에서, 제3회 대회는 2023년 12월에 신활력플러스사업이 활발한 남원시 운봉읍에서 개최되었다. 개최 결과에 대해서는 한국농어민신문(http://www.agrinet.co.kr)에 필자가 기고한 글에서 간략하게 확인할 수 있다. 그리고 올해 2024년 대회는 11월에 충북 옥천군 청성면에서 개최될 예정이다. 이 자리에 모인 지역들이 함께 토론하고 연대와 협력의 네트워크를 통해 서로 배우면서 앞으로 예상되는 시행착오를 줄일 수 있을 것으로 기대한다. 이와 더불어 참가하는 읍면 지역마다 비영리 네트워크 법인이 하나씩은 있다는 것을 확인했고, 각각의 선행 경험을 체계적으로 검토하고 분석할 필요성이 제기되었다. 우리 스스로 우리 활동의 경험을 정리하고, 서로 비교·검토하면서 한 걸음 더 나아가야 할 공통의 과제를 찾기로 했다. 이것이 읍면 네트워크 법인에 주목하고 이번 호의 주제로 기획하게 된 직접적인 배경이라 할 수 있다. 특히 2023년 운봉대회에서 향후 1년간 서로 실천하고 점검해야 할 다짐과 약속의 하나로 '우리의 다양한 읍면 활동 경험을 글로 기록하고 공유하며 서로 배우자'고 했다. 스밈의 글들은 그러한 실천의 하나라고 볼 수 있다.

읍면 비영리 네트워크 법인의 개념과 성격을 어떻게 규정할까

**읍면 지역사회에 뿌리내린
민-민 네트워크의 비영리 법인(규범적 규정)**

왜 읍면을 강조하는지는 앞에서 어느 정도 설명되었다고 본다. 이제 왜 비영리이고 네트워크형의 법인이어야 하는지 설명하려 한다. 먼저 비영리를 강조하는 것은 공공정책에 공적으로 개입할 필요성이 두드러져야 하기 때문이다. 보조사업을 수행하는 것에 그치지 않고, 공공정책의 파트너로 대등하게 참여하며 지역사회를 대변하기 위해서는 대표성과 공공성이 중요하다. 이런 점에서 영리법인은 활동 폭이 좁기 때문에 비영리 법인이어야 한다. 비영리 법인이라도 수익(경제)사업을 할 수 있다. 다만 이익을 법인 구성원에게 배분하지 않고 재투자하면 된다.

그리고 네트워크를 강조하는 이유는 읍면 지역사회의 민-민 칸막이를 극복하고, 협력하여 대표성을 확보해야 행정과 직접적인 정책파트너로 등장할 수 있고, 의사결정기구인 주민자치회의 결정사항도 민간에서 대표하여 집행할 수 있기 때문이다. 여러 자생조직과 영리, 비영리 법인이 협력하여 대표조직 형태로 설립하되, 세부사업(일)은 각 조직의 설립 목적과 전문성을 반영하여 적절하게 수행하면 된다. 행정의 칸막이보다 더 높고 간극이 넓은 것이 민간단체 사이라 하는데, 민간 스스로 협력네트워크를 구축할 필요성이 있다.

또 '법인'이라는 조직 형태를 제안하는 이유는 단순히 보조사업만 수행하는 것이 아니기에 의사결정의 민주성과 책임성이 강조되면서 실체가 명확해야 하기 때문이다. 임의단체 형식으로는 조직의 실체가 불명확할 수밖에 없다. 법인격은 민법(사단법인, 재단법인)과 상법(주식회사, 유한회사, 합명회사, 합자회사, 유한책임회사), 협동조합기본법(협동조합, 협동조합연합회, 사회적협동조합, 사회적협동조합연합회, 이종협동조합연합회), 농어업경영체법(영농조합법인, 농업회사법인), 비영리단체법(비영리민간단체) 등에 여러 조직 형태가 규정되어 있다. 여기서 제도적으로 비영리 성격을 인정받는 법인격으로는 사단법인과 재단법인, 사회적협동조합, 비영리민간단체가 있다. 비영리 재단법인은 인허가 행정절차가 매우 까다롭고, 운영도 간단하지 않아 선택하기 어렵다. 비영리민간단체는 법령에 "영리가 아닌 공익활동을 수행하는 것을 주된 목적으로 하는" 것으로 명시되어 있고, 또 보조금 사업의 지원을 위해 법령이 제정되었기 때문에 수익사업을 하는 것 자체가 적절하지 않다. 그래서 현실적으로 선택할 수 있는 법인격은 비영리 사단법인과 사회적협동조합인데, 특히 사회적협동조합이 여러 측면에서 장점이 아주 많다.

이렇게 (1)읍면 농촌 사회에 활동 기반을 두고, (2)지역사회의 기관·단체(특히 협동조합)가 모여 네트워크 활동을 중심으로, (3)행정과의 대등한 협력관계를 목표로 설립한 비영리 네트워크 법인은 전국적으로 사례가 아주 드물다. 시군 단위에서도 이런 법인을 찾기가 어려운 것이 농촌 현실이다. 그럼에도 이런 방향성을 의식적으로 제기하는 이유는 여러 측면에서 설명할 수 있다. 읍과 면이 지방자치단체가 아닌 상황에서 읍면 단위에서도 민관협치를 실현하고, 주민들이 참여하여 지역사회 발전을 위해 수립한 중장기계획이나 여러 사업을 집행할 수 있는 핵심 주체가 필요하기 때문이다. 이런 전체적인 정책 구조에 대해서는 충남마을만들기지원센터(2022.12. 347~348쪽) 자료도 참고 바란다.

현재 상황에서는 읍면 행정의 한계가 명확하고, 주민자치회의 전환과 성장 속도도 매우 느리며, 시군 단위로 설치된 중간지원조직의 현장 밀착이라는 측면의 역할도 제한적이다. 특히 주민자치회는 주민참여의 의사결정기구로서 대표성을 인정받고 있지만, 실제 실행 기능을 담당할 상근자는 아예 없거나 1명에 불과하고, 자치역량 측면에서도 여전히 시간이 필요하다. 또 향후 지방자치법 개정을 통해 법정단체로 자리매김해야 할 중장기 과제가 있다. 그래서 주민자치회에서 결정하거나 행정에서 위탁하는 다양한 사업을 집행하기 위해서는 또 다른 주체가 필요하고, 이런 방향성에서 '읍면 비영리 네트워크 법인'을 규범적으로 강조하는 것이다. 향후 자치분권을 실현하고 읍면 거버넌스를 구축하여 지속가능한 지역사회를 실현하기 위한 민간 실행 주체로 이상적인 법인 형태를 지향하며 제안하는 것이다.

읍면 앵커조직과 정책의 적용 사례 :
어촌활력증진사업, 농촌신활력플러스사업

이런 법인을 '앵커조직'이라 하며 외국 사례나 정책 용어로 종종 사용되어왔다. 개념적으로는 "읍면 지역사회에 닻anchor을 내리듯 자리를 잡고, 지역의 여러 문제 해결을 위해 다양한 전략을 마련하면서 활동가 및 리더, 경제조직, 기관·단체 등과 협력하여 생활서비스 연계, 경제생태계 구축, 새로운 주체 발굴·연계 등을 도모하는 핵심 조직"이라고 정의할 수 있다. 특히 읍면을 기반으로 활동하기 때문에 '읍면 앵커조직'이라 부를 수 있다.

앵커조직이라는 개념을 정책적으로 도입하여 적용한 사례로는 어촌활력증진사업이 있다. 해양수산부와 한국건축공간연구원AURI은 기존의 어촌뉴딜사업의 한계를 극복하고자 2022년부터 시범사업으로 어촌활력증진사업을 도입하고, 현장 실천 주체로 앵커조직이란 개념을 적용했다. 또 '지방자치단체와 함께 시범사업의 중심이 되는 추진 주체로는 지역사회 문제의 해결을 위해 다양한 전략을 마련하고, 지역 내 생활서비스 연계 및 경제생태계 구축을 위해 생활서비스 지원기관, 지역 소재 기업, 지역 가치 창업자 등 링커조직이 될 수 있는 다양한 주체를 발굴·연계하는 중간지원조직'(해양수산부, 가이드라인 2쪽)으로 정의하고 있다. 이때 앵커조직의 자격요건은 지역 생활서비스 분야와 로컬비즈니스 분야에서 전문성과 창의성을 갖춘 민간조직이어야 하고, 대표를 포함한 상근 전담인력 4인 이상이 사업 현장에 사무실을 설치하여 운영해야 한다고 요구하고 있다.

어촌활력증진사업에서 앵커조직의 공간적인 활동 범위(1차 생활권)는 시범사업 대상지역에 따라 2~3개 행정리에서 2~3개 읍면동까지 다양하다. 2022년 시범사업에서 전국 4개소를 시작으로 2023년에는 공모를 통해 전국 30개소를, 2024년에는 전국 10개소를 선정하였고, 전체 사업비는 1백억 원 내외 규모. 실제로 앵커조직은 용역기관이 수행하는 경우가 많고, 특정 읍면 전체에 밀착하지 못한다는 한계가 있다. 지역사회 내부에 이런 역할을 담당할 법인을 찾는 것 자체가 매우 어렵다는 현실이 적나라하게 드러난 셈이다. 그럼에도 정책사업의 현장 실행 주체로서 중간지원조직의 지위를 인정하며 공적인 역할을 담당하도록 도입한 사례로 유의미하다. 또 앵커조직의 인건비와 운영비(위탁수수료 10% 이내 인정)를 대폭 인정하고 있다는 점에서 기존의 사업 방식과도 큰 차이가 있다. 지역사회에 주민들이 설립하여 공적인 역할을 수행할 수 있는 '비영리 네트워크 법인'이 있었다면 이 사업의 앵커조직으로서 전체 혹은 부분으로 사업을 관리할 수 있었을 것이다.

그리고 앵커조직이라는 용어를 전면적으로 사용하고 있지는 않지만, 농촌신활력플러스사업에서 로컬액션그룹LAG의 한 형태로 '읍면 비영리 네트워크 법인'을 설립하도록 유도한 사례가 있다. 당진시와 옥천군, 홍성군 등이 대표적이다. 충남 당진시는 2023년부터 읍면 소재지에 있는 거점공간을 활성화하기 위해 읍면 기반의 주민이 설립한 민간 법인에 매년 3천5백만 원의 위탁금을 지원하기로 하였다. 1명이 상근하는 구조인데, 여기에 신활력플러스사업의 '농촌활력지원단'이라는 이름으로 8개 면에 반상근 활동가 1~2명의 인건비를 추가로 지원하고 있다. 이는 액션그룹 중에서 지정공모 방식으로 읍면 단위 비영리 네트워크 법인을 정책적으로 육성하겠다는 취지이다.

충북 옥천군도 8개 면 대상으로 면 소재지의 거점공간을 활용하여 공동체식당을 운영하고 지역통합돌봄을 실천하며 경관생태보전 활동을 전개할 민간 주체로 비영리 법인을 육성하고 있다. 면 소재지에서 배후마을로 생활서비스를 전달하는 역할도 부여하고 있다. 행정에서는 농촌활력과와 경제과, 자치행정과의 3개 과가 협조하고, 민간도 지역발전위원회와 주민자치회, 지역사회보장협의체, 이장협의회 등이 협력하는 방향성을 가지고 있다. 여기에 신활력플러스추진단과 마을공동체지원센터의 2개 중간지원조직도 협력하여 통합 지원하고 있다. 정책 칸막이를 극복하면서 면 단위에서 통합성이 높은 네트워크 법인을 정책적으로 육성하려는 전략이다. 행정리 별로 1명 이상이 참여하고, 전체 조합원 수가 최소 30명 이상이 되는 것을 기준으로 잡고 있다.

충남 홍성군도 기존의 '지역거버넌스 홍성통' 활동이 읍면 단위로 확장되도록 6개 면 대상으로 사회적협동조합을 설립하는 과정을 '읍면공식'이란 이름으로 지원하고 있다. 전체 11개 읍면 대상으로 공모를 통해 6개 면을 선정하고, 2년에 걸쳐 학습공동체 활동과 읍면발전계획단 운영, 시범사업 추진 등의 과정을 거쳐 사회적협동조합을 설립하도록 유도하고 있다. 이런 과정에서 영리가 아닌 비영리 활동을 지원한다는 취지로 1개 면마다 1인의 활동비(매월 150만 원)를 20개월 연속으로 지원하고, 시범사업비도 4천2백만 원을 편성하고 있다는 점이 특징적이다. 그리고 부족한 사업비는 주민참여예산제를 포함한 관련 사업과 연계하도록 유도하고 있다.

읍면 앵커조직, 어떤 사례가 있고 어떻게 확장할 수 있는가

2023년 운봉대회에서 확인한 설립 과정의 세 가지 경로 : 지역 특성을 반영한 경로 선택

한국 농촌 현실에서 읍면 비영리 네트워크 법인이 설립되고 운영되는 사례는 그리 많지 않다. 농촌 읍면 지역사회와 정책의 전반을 보면서 거버넌스 체계를 구축하기 위해 의식적으로 실천하는 민간도, 정책적으로 지원하는 행정도 만나기 어렵기 때문이다. 앞서 소개한 것처럼 일부 농촌신활력플러스추진단에서 이런 지향점을 제시하는 정도에 그친다. 정책 칸막이가 심각하다 보니 읍면 앵커조직은 설립하기도 어렵고, 나아가 운영하는 것도 지역사회 자치역량이 뛰어난 일부 지역에 그치는 셈이다. 이번 『마을』 12호에 실린 사례가 대부분이라 할 정도로 아직은 빈약한 상황이다. 이번에 소개하지 못한 사례로는 홍성군 장곡면의 (사·협)함께하는장곡과 법인 전환을 준비 중인 홍동면의 마을활력소 정도가 거론된다. 당연히 앵커조직을 설립하는 경로나 활동 방식은 지역의 특성에 따라 다양하다. 유기농업 실천이나 학습공동체 운영, 주민자치회 활동, 행정의 관심과 의지 등에 크게 좌우된다. 실천 경험이 오랫동안 축적된 지역이 있는가 하면 경험은 짧지만 의식적으로 빠르게 설립한 지역도 있다. 2023년 12월 7~8일 남원시 운봉읍에서(운봉대회) 공유하고 토론한 법인 사례를 기초로 정리하면 다음 세 가지의 설립 경로가 있다.

1경로는 민간의 자주적 실천 과정에서 자연스럽게 등장하여 성장한 사례들이다. 남원시 산내면 (사)한생명과 아산시 송악면 (사·협)송악동네사람들이 대표적이다. 특정한 사건을 계기로 작은 실천에서 출발하였지만 네트워크의 필요성이 부각되면서 비영리 법인을 설립한 경우다. 특정 법인이 대표성을 인정받을 수 있었던 것은 그만큼 희생과 봉사가 전제되어 있기 때문이라 할 수 있다. 이 지역들은 앵커조직이 우산 역할을 하면서 작은 영리, 비영리 법인들을 계속 인큐베이팅하고 네트워크를 더욱 확장하는 방향으로 나아가고 있다. 전국 대부분의 지역에서는 이런 경로로 성장하지 못하고 도중에 주저앉는 경우가 더 많다고 볼 수 있다.

2경로는 필요에 따라 좁은 영역으로 작게 설립한 법인이 모여 네트워크를 형성하며 확장한 사례들이다. 영광군 묘량면 여민동락공동체와 곡성군 죽곡면 함께마을교육 사회적협동조합, 춘천시 사북면 춘천별빛 사회적협동조합이 대표적이다. 여러 실천 경험이 축적되면서 다양한 법인이 설립되었고, 이들 사이에 협력 네트워크를 구축하며 별도 법인을 설립한 경우다. 이런 사례가 드문 것은 결국 민간단체 사이의 협력이 그만큼 쉽지 않다는 것을 보여준다. 전국적으로 이렇게 발전할 수 있는 지역들은 여럿 보이는데, 추진 과정에서 어떤 조직이 주도할 것인지, 또 민-민 칸막이에서 나타날 갈등을 얼마나 슬기롭게 극복할 것인지가 큰 과제라 할 수 있다.

3경로는 행정의 정책사업을 활용하거나 연계하는 과정에서 의식적으로 설립한 사례들이다. 홍성군 장곡면 (사·협)함께하는장곡, 군산시 나포면 (사·협)나리포가 대표적이다. 아직은 역사가 짧긴 하지만 농촌 지역사회의 구조 전체를 보면서 조심스럽게 접근하고, 시행착오를 줄이기 위해 의식적으로 노력한다는 것이 특징이다. 단순히 보조사업을 받기 위해 법인을 설립한 사례는 전국적으로 많지만, 주민 주도성을 기반으로 학습 과정을 거쳐 의식적으로 설립한 사례는 드물다. 기회는 전국 어느 읍면이나 동일하게 주어졌지만 이를 활용할 수 있는 내부 역량의 차이가 큰 것이다.

읍면 앵커조직의 4대 활동 영역과 역할 :
제도개혁과 병행하면서 단계적으로 확장

현재 활동 중인 읍면 앵커조직의 사례를 보면 일상적인 운영 자체가 모두 쉽지 않다는 것을 알 수 있다. 회원(조합원) 회비가 기본 예산이지만 행정의 각종 공모사업에 크게 의존하여 활동하고 있다. 행정 보조사업을 지원받는 자체를 비난하는 것은 문제지만, 행정이 보조사업과 위탁사업을 구분하지 않은 채 매년 공모 방식으로 선정하기 때문에 '좋은 일 하면서도 불편한' 것이 현실이다. 민간단체 역시 문제의식 없이 매년 공모사업 신청을 반복하는 것도 문제다. 비영리 법인이지만 수익사업을 할 수 없는 것은 아니기에 재정사업 일환으로 수익 영역을 계속 개척해야 새로운 일을 자립적으로 전개할 수 있다는 것은 분명하다. 이런 점들을 고려할 때 앵커조직의 사업(활동) 영역은 크게 네 가지로 구분할 수 있다. 이하 내용에 대해서는 시군 단위의 법인 대상으로 제시했던 충남마을만들기지원센터(2022.12. 193~196쪽) 자료도 참고하길 바란다.

첫째, 고유사업 영역이다. 법인을 설립한 고유 목적을 실현하기 위한 사업으로 회원(조합원)이 매월 납부하는 회비를 활용하여 상근 혹은 반상근 활동가의 활동비를 지출하면서 회원 대상의 일상적인 서비스를 제공해야 한다. 소식지 발간, 공동학습회 및 공론장 개최, 각종 정보 제공 등의 활동을 통해 지역사회 협력 네트워크를 강화하는 것이 가장 기본적인 활동이다. 읍면 단위로 활동하기 때문에 일상적인 교류가 빈번하여 자원봉사자로 참여하고 지원할 수 있는 활동가도 주변에서 많이 찾을 수 있다. 이렇게 고유사업 영역이 튼튼할수록 법인 설립의 취지가 명확하게 전달되고 지역사회에서 대표성을 인정받을 수 있다.

둘째, 위탁사업 영역이다. 읍면 단위라 하더라도 거점시설 관리위탁뿐만 아니라 사무위탁도 충분히 가능하다. 뒤에서도 다루겠지만 공유재산관리법의 관리위탁 개념을 정확하게 적용하고, 반복적으로 지원(공모)하는 공익성 보조사업도 민간위탁 조례에 따라 5년 이내로 위탁할 수 있다. 앞으로 제도개선이 꼭 필요한 부분이고, 이런 원칙만 지켜진다면 읍면 앵커조직의 지역 활동 대부분을 위탁사업으로 해결할 수 있다. 또 대규모 국도비 사업에 수반되는 각종 역량강화 사업이나 프로그램 사업도 위탁사업으로 처리할 수 있다. 위탁사업은 인건비(활동비)가 포함된다는 점이 큰 장점이다. 이런 방향으로 제도개선이 이루어져야 앵커조직이 '지역사회 발전을 위해 '좋은 일'을 하면서도 매년 공모사업을 찾아다니는 딜레마'를 극복할 수 있다. 주민자치운동의 일환으로 다른 읍면과 협력하고, 전국적으로 연대하여 공동으로 대응할 필요가 있다.

셋째, 보조사업 영역이다. 행정에서 공모 방식으로 매년 모집하는 보조사업은 가짓수도 많고, 범위도 넓다. 새마을조직처럼 이미 매년 반복적으로 지원받는 기관·단체가 지역사회 내에 여럿 있다. 정책 칸막이 속에서 집행되다 보니 비효율적으로 활용되는 경우도 많다. 2011년 3월의 지방재정법 개정으로 지자체가 의무적으로 시행하게 되어 있는 주민참여예산제 사업도 보조사업 방식으로 집행되는데, 제도 도입의 취지를 살려 읍면 단위의 주민자치회가 결정한 사업에 대해서는 '꼬리표'를 없애고 총액 예산으로 배분하는 방식이 필요하다. 이런 보조사업의 유형과 방식, 액수 등을 종합적으로 조사하여 칸막이를 극복하고 협력적으로 집행될 수 있도록 제도개혁이 꼭 필요하다. 이런 방향에서 읍면 앵커조직도 노력해야 하고, 각종 보조사업의 실태를 조사하면서 지역사회와 역할을 분담하는 방안에 대해서도 논의할 필요가 있다.

넷째, 수익사업 영역이다. 비영리 법인이지만 수익사업을 할 수 있고, 이 영역이 넓고 안정적일수록 법인 운영도 지속가능하게 발전할 수 있다. 하지만 농촌지역은 소위 저밀도 경제가 작동되기 때문에 '규모의 경제'가 실현되기 어렵고, 비영리와 영리의 구분도 모호하다. 중요한 목적은 지역사회 기반으로 움직이는 활동가들의 일자리를 확보하는 것이다. 앵커조직도 지역사회를 잘 이해하는 조직이기에 자료 수집과 조사 및 분석 활동이 일상적으로 이루어지면 수익사업을 전개할 기회도 많아진다. 특히 행정이나 용역사에서 수행하는 각종 기본계획 수립이나 지역역량강화 사업의 일환으로 기초조사와 주민인터뷰, 설문조사 등이 진행될 때 앵커조직의 실체만 분명하다면 수익사업으로 충분히 결합할 수 있다. 농촌이기에 농업에 기반하는 수익사업이 가장 중요한데, 법인이 직접 상품개발이나 로컬푸드 직매장과 식당, 직거래 유통, 먹거리 복지 등의 영역을 개척하는 것도 때로는 필요하다. 물론 규모가 커지면 별도 법인으로 분리·독립시켜 앵커조직의 조합원으로 참여하도록 유도하면 재정 확보도 가능할 것이다. 또 주간보호센터나 공동생활홈 같은 복지 영역은 일자리를 안정적으로 확보할 수 있다는 점에서 매우 유용한 수익사업이다.

이렇게 앵커조직은 전체적으로 각 사업 영역을 구분하여 조화를 찾아가는 방향으로 안정성과 지속성을 확보할 수 있다. 물론 제도개혁에 대한 요구를 병행하며 공동으로 해결해야 할 과제도 많다. 하지만 앵커조직 스스로 역량을 성장시키면서 지향점을 명확히 하고, 지역사회 발전의 경로를 설계해야 한다. 특정 수익사업 영역을 지나치게 키우는 '규모의 경제'를 지향하기보다 작지만 여러 수익사업 영역의 연결관계를 강화하는 '범위의 경제'를 실현해야 한다. 지역순환경제 실현이라는 방향에서 수익사업 영역을 계절적으로 다변화해야 농촌의 일자리 주기에 맞출 수 있다. 앞으로 정부 부처별로 정책사업이 더 많이 벌어질 것이라는 점을 염두에 두고 문제해결 역량을 계속 키워나가면 앵커조직도 지속적으로 성장할 수 있을 것이다.

그렇다고 앵커조직 자체가 지나치게 커지는 것은 오히려 부작용을 초래할 수도 있다. 앵커조직이 '우산' 역할을 하면서 지역사회의 필요를 반영하는 다양한 비영리, 영리 법인을 성장시키는 창업보육(인큐베이터) 역할을 담당하는 것이 바람직하다. 농촌소멸이 논의될 정도로 지역사회에는 많은 문제가 쉽게 잘 보이는데, '작지만 강한' 전문조직이 다양하게 성장하도록 지원해야 한다. 대개의 귀농·귀촌인은 '하고 싶은 일'에만 집중하고, 지나치게 시장경제 영역(레드오션)으로 진출하려는 오류를 범하고 있다. 문제가 많은 영역일수록 정책적으로 비어 있어 새롭게 개척할 가능성이 넓은 영역(블루오션)이기도 하다. 앵커조직은 이런 영역을 적극적으로 개척하며 비경쟁시장의 지역문제해결형 전문조직을 발굴하고 성장시키는 전략이 필요하다.

특히 앵커조직이나 귀농·귀촌인이 이런 영역으로 진출해야 지역사회에서도 환영받고, 실패의 위험을 줄여 오래갈 수 있다. 2021년의 제1회 장곡대회에 모여 토론했을 때 노인복지 영역의 활동이 공통으로 확대되고 있다는 점에서도 이런 시사점을 얻을 수 있었다. 그래서 개인적으로 '하고 싶은 일'과 지역사회에서 '해야 할 일'을 구분하면서 접근해야 한다. 대표적인 분야로 경관환경, 주거복지, 로컬푸드, 노인복지, 거점공간 활성화 등을 들 수 있다. 이런 분야의 선진사례가 전국적으로 여전히 많지 않아 참고할 곳이 부족하지만, 앵커조직이 전문조직 설립을 장려하고, 행정이 보조금 개혁을 병행하여 용역 방식으로 처리하면 수익사업 영역으로 개척할 가능성은 높다. 세부적인 내용은 충남마을만들기지원센터(2022.12. 352~355쪽) 자료를 참고하길 바란다.

읍면 앵커조직 설립 과정을 지원하는 일반 모델 예시 :
3경로 확장 방안

지금까지 우리는 지역사회의 필요에 따라 이런저런 법인들을 설립해 왔다. 지역사회 전체를 보며 의식적으로 기획하여 설립했다기보다 필요에 따라 빨리 합의할 수 있는 사람들 중심으로 급하게 설립했다. 지금까지 보조사업을 지원받기 위해 설립했던 단체나 법인은 훨씬 많이 있었다. 이제는 이런 작은 영리, 비영리 법인들이 모여 협력 네트워크를 형성하고 대표성과 전문성을 동시에 갖춘 비영리 네트워크 법인으로 발전해야 한다. 행정과 대등한 관계를 형성하면서 협력하고 문제해결형의 실천조직으로 성장해야 지역사회에서 환영받으며 지속가능할 수 있다. 주민자치운동 측면에서도 시행착오를 줄이고 단기간에 정착하기 위해서는 앞에서 제시한 3경로를 의식적으로 확산할 필요가 있다. 시간이 마냥 기다려주지 않기 때문이다.

이런 점에서 '장곡면 2030' 리빙랩 실험에서 도출한 지역사회 발전의 3단계 절차(충남마을만들기지원센터, 2022.12. 357~362쪽 참고)가 도움이 될 수 있다. 이 모델 자체는 학습동아리에서 출발하여 읍면발전계획을 수립하고 실천하며 지역발전을 주민 주도로 실현해나갈 수 있는 절차에 해당한다. 읍면 단위로 학습조직을 구성하여 활동하고(1단계), 주민자치회와 연계하여 중장기 발전계획을 수립하며(2단계), 다양한 정책사업에 참여하여 실천 경험을 축적하면서(3단계), 이런 과정을 환류하며 반복하는 모델이다. 읍면 앵커조직의 설립 과정도 이런 정책과 운동의 성장경로와 연계하여 검토할 수 있다.

이런 과정을 초기에 주도하여 논의하는 학습공동체가 앵커조직의 맹아이다. 학습공동체에는 관련 기관·단체 및 법인의 상근자들이 참여하고, 공동학습의 과정을 거쳐 지역사회 발전의 경로를 설계한다(1단계). 그리고 지역사회의 동의와 지지를 얻으면서 공동 비전을 도출하는 실제적인 역할을 담당하고, 이를 실천하는 집행조직으로서 대표성과 전문성을 어느 정도 확보한다(2단계). 나아가 각종 정책사업과도 연계하여 다양한 실천 경험을 축적하고 작은 성과들을 도출하면서 지역사회에서 인정받고 단계적으로 앵커조직으로 성장한다(3단계). 이런 3~5년의 실천 과정에서 민간단체 칸막이를 극복하고, 주민자치회도 설립(혹은 전환)하며, 거점시설을 기반으로 상근자 인건비와 사업비도 확보하게 된다. 이렇게 정책적으로 읍면 앵커조직을 양성하는 방법론이 앞에서 소개한 당진시와 옥천군, 홍성군의 신활력플러스사업에 적용된 셈이다. 홍성생태학교나무·홍성문화도시센터(2023.10.)가 발간한 보고서에도 이런 절차의 모델이 정리되어 있으니 참고할 수 있다.

또 하나의 방법론으로 읍면 지역에 중대규모 국도비 사업이 시행될 때 이를 잘 활용하면 읍면 앵커조직을 훨씬 수월하게 설립할 수 있다.

현재 여러 부처별로 다양한 중대규모 하드웨어 사업이 시행중이다. 이런 사업이 시행되기 이전에 미리 앞에서 제시한 3단계 방법론으로 학습구조를 갖추고, 주민자치회를 통해 공론장을 활발하게 개최하는 것이 선결조건이다. 이런 사업기회를 통해 추진위원회(주민위원회) 구성이나 사무국(현장지원센터) 설치를 체계적으로 진행하고, 지역역량강화 사업도 잘 활용하면 자연스럽게 앵커조직을 설립할 필요성이 부각된다. 주민자치회는 의결기구이기 때문에 실행 주체가 필요하다는 점에 공감대가 형성되고, 또 읍면 단위에서 중간지원조직 기능을 수행하는 비영리 법인이 필요하다는 점도 인식하게 된다. 주민이 설립한 비영리 법인이라면 거점공간의 위탁 운영도 가능하고, 5천만 원 이하의 용역은 수의계약도 가능하며, 또 다양한 보조사업을 통합적으로 추진할 수 있다는 장점에도 눈뜨게 된다. 충남마을만들기지원센터(2022.12. 366~371쪽)에는 농식품부 기초생활거점조성사업을 예로 들면서 읍면 앵커조직을 의식적으로 설립해가는 경로를 제시하고 있다. 또 홍성생태학교나무·홍성문화도시센터(2023.10.)가 발간한 보고서에서도 충분히 확인할 수 있다.

우리가 중앙정부 정책사업에 관심을 가져야 하는 이유는 모든 읍면마다 이런 앵커조직을 동시에 설립한다는 것은 비현실적인 전략이고, 풀뿌리에서 성장하는 경로(앞에서 소개한 1, 2 경로)만으로는 너무 느리기 때문이다. 선도적인 읍면 사례를 발굴하고 공통분모를 확인하면서 단계적으로 확산시키고 서로 경쟁하면서 질적으로 발전해가는 전략이 바람직하다. 그렇게 되면 서로의 경험을 공유하면서 읍면마다 지역 특성에 맞는 다양한 경로가 개척될 것이다.

또한 읍면 단위의 민관협치 시스템도 조금씩 다른 모습으로 나타날 것으로 예상된다. 이것이 지방자치의 바람직한 모습이고, 앵커조직도 이런 지향점을 가지면서 지역사회에 밀착하여 문제 해결을 위한 다양한 활동을 전개해야 할 것이다.

읍면 앵커조직의 전국적 확산, 정책과 제도를 어떻게 활용할 수 있을까

한국 농촌사회에서 읍면 앵커조직의 사례는 여전히 빈약하다. 전국의 1,412개 읍면 지역에서 다양한 활동이 전개되고 있지만 앵커조직으로서 실체가 분명하게 드러나는 곳은 10개 내외로 보인다. 이런 지역들이 2021년부터 매년 1회 모여 네트워크 교류회를 진행하는데, 아직 명확한 합의사항이 있는 것은 아니지만 활동 상황을 공유하고, 공통과제와 애로사항을 점검하고 있다. 지역의 특수한 상황에 따라 스스로 해결해야 할 과제도 많겠지만 '공동의 과제'로는 다음과 같은 점들이 확인된다. 이런 방향성에 대해 보다 높은 합의가 이루어지고, 공동으로 해결 방안을 모색할 때 각 지역의 앵커조직도 안정성을 확보하며 계속 성장할 수 있을 것이다. 법·제도와 정책적 환경은 기본적으로 동일하게 주어지기 때문이다.

첫째, 중앙정부 정책사업과 적극적으로 연계하면서 타 읍면으로 확장
현재 중앙정부 정책사업으로는 신활력플러스사업이 추진되고 있고, 농촌협약 내역사업으로 중심지활성화사업과 기초생활거점조성사업, 농촌공간정비사업 등이 읍면 순서대로 시행되고 있다. 또 지방소멸대응기금, 균형발전, 지역활력타운 등의 대규모 국비사업도 있고, 여기에 프로그램 공모사업은 아주 많다. 이런 정책사업은 기본적으로 모두 공모 방식으로 선정하기에 읍면 앵커조직이 지자체와 협력한다면 신청할 기회는 공정하게 주어진다. 물론 현재 앵커조직이 활발하게 활동하는 읍면은 오히려 '역차별'이 주어져 신청 자체를 자제하도록 요구받는 측면도 있다. 그럼에도 중앙정부 정책사업은 '선택과 집중' 관점에서 선도적인 사례 발굴이 목적이므로 지자체 행정을 잘 설득한다면 여전히 좋은 기회가 될 수 있다. 미리 지역사회에서 충분히 합의하고, 잘 활용할 수 있는 내부 역량을 갖춘다면 '독이 아니라 약'이 된다.

특히 중대규모 사업에는 대개 역량강화 사업이 전체 사업비의 10% 이상 포함되어 있어 사전에 잘 기획한다면 앵커조직이 수익사업에 적극 참여할 수 있다. 앵커조직이 준비되어 있지 않다면 대개 4~5년의 사업 기간 중에 앵커조직을 설립하고 역량강화 사업을 시행해볼 기회는 모두 열려 있다. 현재는 이런 역량강화 사업을 지자체나 농어촌공사, 지자체 공기업 등에서 경쟁입찰 방식을 통해 외부 컨설팅 기관에 용역으로 주는 것이 관행이다 보니, 민간의 앵커조직이 지역법인으로서 참여할 기회 혹은 역량이 아주 제한적이다. 바람직한 것은 앵커조직이 역량강화 사업에 참여할 수 있도록 미리 역량을 키우고, 지역사회에서 공공성과 전문성을 인정받는 것이다. 행정도 이런 방향으로 주민들이 설립한 읍면 법인을 우대해야 한다. 제도적으로 5천만 원 이하의 용역에 대해서는 수의계약도 가능하게 되어 있어 행정의 의지만 있다면 문제가 되지 않는다.

기존 관행처럼 외부 컨설팅 기관이 수행하도록 내버려두는 방식으로는 내발적인 역량이 성장할 수 없다. 사업수행 기간에만 지역을 들락거리고, 주민자치센터나 평생학습센터에서 진행하는 프로그램과 별반 차이가 없는 내용으로 수행할 것이 명확하기 때문이다. 민간도 행정도 이 점에 유의하여 지금 당장은 역량이 미흡할지라도 이런 사업을 통해 앵커조직이 성장하도록 지원하는 전략을 적극 모색해야 한다. 실천학습(액션러닝)이란 말이 있듯이 실제 사업을 수행하면서 역량도 성장하는 법이기에 적극 배려할 필요가 있다. 그렇지 않다면 읍면 지역사회 기반의 비영리 법인이 성장하기가 쉽지 않기 때문이다. 이런 점에서 현재의 앵커조직이 힘을 합쳐 중앙정부를 적극 설득할 필요도 있다.

**둘째, 읍면 소재지 거점공간의
공유재산관리법 및 민간위탁 조례 적용**

중앙정부의 중대규모 국도비 사업에는 거점공간(공유재산)이 반드시 포함되고, 이런 시설의 활성화가 가장 긴급한 과제로 부각되고 있다. 행정은 행정 나름대로 시설관리사업소 같은 조직이 계속 커지고, 또 공무직 및 기간제 근로자를 계속 채용해야 하기에 큰 부담이다. 민간은 운영비(인건비 포함) 지원도 없으니 자원봉사로 관리하기에는 큰 부담이 될 수밖에 없다. 특히 읍면 소재지 거점공간에서 가장 큰 문제가 드러나고, 현재처럼 '협약 체결을 통한 무상임대' 방식에는 한계가 명확하게 확인된다. 운영 주체로 흔히 제시되는 운영(주민)위원회 혹은 주민자치회는 조직의 성격 자체가 이런 목적이 아니고, 또 전문성에도 큰 한계가 있다. 그래서 읍면마다 앵커조직이 빨리 자리를 잡고 성장하는 방향으로 제도를 개혁하는 것이 매우 중요하다.

이런 거점공간은 모두 공유재산(행정재산)에 해당하고, 시설 활성화를 위해서는 민간 주체로 비영리 법인의 설립이 필수적으로 전제되어야 한다. 또 법적으로 공유재산관리법과 민간위탁 조례에 대한 이해가 반드시 필요하다. 행정과 민간이 한자리에 모여 공동학습회를 통해 현재의 모순된 방식을 개선하기 위해 적극 노력해야 한다. 제도개혁을 전제로 하지 않으면 중대규모 거점공간을 조성하지 않는 것이 오히려 낫다. 현재 공유재산관리법 제27조의 관리위탁 제도는 원가계산을 통해 인건비와 일반관리비, 이윤까지 인정하고 있다. 주간보호센터나 카페 같은 수익시설은 사용자에게 사용료를 산정하여 징수할 수 있다. 현재처럼 협약을 체결하여 무상임대하는 관행은 사실 법률 위반에 해당한다. 앵커조직이 거점공간 전체를 수탁받아 작은 영리, 비영리 법인에게 다시 전대轉貸하는 방식도 제도적으로 보장되어 있다. 또 거점시설을 활용하여 다양한 행정서비스를 제공할 경우에는 수탁법인에게 민간위탁 조례에 따라 위탁금을 지원할 수도 있다. 이런 제도가 법적으로 모두 보장되어 있고, 각종 서류 양식이 행정안전부 홈페이지에 공지되어 있음에도 불구하고 행정은 제대로 적용하지 않고 있다. 또 민간 스스로도 이런 제도적 맥락을 이해하지 못하고 있는 것도 큰 문제다. 농식품부도 2023년 9월에 일반농산어촌개발사업의 지침을 개정하면서 이런 문제점을 인식하여 공유재산관리법 적용을 강조하고 있다.

그래서 읍면 기반의 작은 비영리 법인은 이런 거점공간을 활용하여 별도 시설을 임대하지 않고도 공간 문제를 쉽게 해결할 수 있다. 영리 법인도 공간설계 단계에서 참여하여 사전에 잘 협의하고, 사용료를 납부하면 공유재산을 활용할 수 있는 길이 이미 열려 있다. 같은 읍면에서 활동하면서도 기관·단체마다 사무실을 별도로 확보하는 것은 예산 낭비이자 민간 칸막이를 더 강화할 우려가 있다. 특히 상근자가 없는 경우에는 공유사무실로도 충분하다. 전국 읍면마다 이런 문제가 거의 공통으로 드러나는데, 전체적으로 보면서 제도개혁과 병행하고 읍면 소재지 공유재산을 효율적으로 활용하는 방안에 대해 행정도 민간도 협력한다면 해결될 것으로 예상한다.

셋째, 주민자치회 전환 지원과 제도개혁 병행

읍면 주민자치회는 지방자치와 자치분권 측면에서 역사적으로 매우 중요한 조직이다. 흔히 행안부의 특수 시책사업 정도로 이해하는데, 실은 김대중 정부 시절부터 지방자치 발전을 위한 핵심 주체로 상정되었던 조직이다. 이후에 주민자치위원회 형식으로 설치되고, 주민자치센터 운영조직 정도로 권한이 축소된 상태로 제도개선이 전혀 이루어지지 않았기에 많은 오해가 겹쳐 있다. 앞으로 '주민 주도, 상향식' 농촌발전을 실현하기 위해서라도 주민자치회 설립 혹은 전환이 필수 과제라 할 수 있다. 아직 지방자치법이 아닌 특별법에 근거를 두고 있지만, 향후 지방자치법 개정을 통해 법정단체로 전환될 것은 명확하다. 윤석열 정부의 지방시대위원회도 주민자치회의 중요성을 강조하고 있고, 지자체도 스스로 조례를 제정하고 이를 근거로 발전 방향을 결정하면 된다.

행정도 민간도 주민자치회 자체의 역량이 미흡하다는 평가가 많다. 하지만 전환 자체가 길게 잡아도 5년에 불과하다는 점, 지방자치법에 근거가 명시되지 않은 비법정단체라는 점, 또 2년 임기로 활동하고, 상근자 활동비도 제대로 지원하지 않는다는 점 등에서 제도개선이 우선되어야 한다. 지금처럼 권한을 제대로 위임하지 않는 여건에서 자치역량이 성장하기를 기대하는 것 자체가 어불성설이다. 특히 농촌이라는 지역 특성에 맞는 주민자치회의 구성과 운영 방식은 여전히 검토해야 할 부분이 많다. 제도적으로 검토해야 할 과제에 대해서는 대통령 직속 농어업·농어촌 특별위원회(2022.11. 4장) 보고서에 대부분 소개되어 있으니 참고할 수 있다.

전국적으로 볼 때 주민자치회 설립은 광역별로 큰 편차가 있다. 지자체 단체장의 의지나 관심이 반영되고, 이 때문에 앵커조직이 할 수 있는 역할이나 참여 방식도 다르게 나타날 수 있다. 충남의 경우 2023년 6월 기준으로 총 25개 읍, 136개 면 중에서 18개 읍, 101개 면이 주민자치회로 전환하여 73.6%가 되었다. 시군별로는 보령시와 금산군, 예산군, 태안군이 매우 더디다. 이는 단체장의 정당 소속과 직접적인 연관성이 있다기보다 광역 지자체의 방향성과 담당 공무원의 태도 및 관점에 의해 좌우되는 경향이 크다.

충남에서는 특히 청양군의 방식을 참고할 필요가 있다. 청양군은 민선 7기 때부터 시작하여 10개 읍면 모두가 주민자치회로 전환했고, 동네자치사업과 주민참여예산제 사업이 체계적으로 결합하는 등 다양한 정책혁신을 이루었다. 특히 2024년에는 주민자치센터 프로그램 사업예산과 상근자 인건비, 그리고 주민참여예산제 사업과 농식품부 시군역량강화 사업의 일부를 묶어서 민간위탁 절차를 밟아 주민자치회에 위임하였다. 이를 통해 읍면 주민생활권 단위의 주민자치 역량이 비약적으로 성장하는 기회가 되었다. 신활력플러스의 실천학습(액션러닝) 방식으로 자치역량의 성장을 단계적으로 지원하는 전략과 유사하다고 할 수 있다.

전국의 사례를 참고하면서 민간도 주민자치위원회의 모습에서 보이는 왜곡된 이미지를 극복하고 자치분권의 발전 방향에 대해 근본적으로 검토해야 한다. 농민단체를 포함하여 읍면 단위에서 활동하는 민간 주체들은 서로 협력하여 주민자치위원회가 주민자치회로 전환하여 주민의 대표성을 확보하고, 공론장을 확대하면서 행정과 대등한 협력관계로 발전할 수 있도록 노력해야 한다. 주민자치회가 성장하여 자치역량을 강화하고 합리적인 의사결정을 할 수 있을 때 지역사회에 투자되는 다양한 정책사업도 공정하게 집행될 수 있다. 그럴 때 정책의 재원이 지역발전에 기여할 수 있고, 그래야 민간 주체의 다양한 영리,

비영리 법인도 안정적으로 정착할 수 있다. 읍면 앵커조직도 이런 제도개혁과 주민자치회 성장과 함께 지역에 뿌리내릴 수 있다.

**넷째, 주민 주도의 읍면 발전계획 수립,
행정사업 목록집 제작, 민간위탁 활성화**

모든 읍과 면은 30개 내외의 행정리 마을이 모여서 이루어진다. 지금까지는 행정리 마을정책과 읍면정책이 분리되어 시행되었고, 민간도 공모사업에 '줄 서듯' 칸막이 속에서 각각 집행해왔다. 지방으로 이양된 농식품부의 현장포럼과 마을만들기 사업으로 마을발전계획을 수립하고 다양한 체험마을 사업도 시도했지만 문제는 여전히 해결되지 않고 있다. 오히려 공모사업 신청서 작성도 어렵고, 정산도 하기 어려운 마을은 계속 늘어나고 있다. 또 '역량단계별 지원체계'에 따라 행정사업의 '빈익빈 부익부' 현상이 심화되고 있다. 현재의 초고령화 상황에서 행정리 마을이 처한 상황을 근본적으로 해결하기 위한 방향의 하나라고 할 수 있는 '마을공동체수당' 제도 도입이 강조된다. 여기에 대해서는 청양군 지역활성화재단(2023.8.) 보고서를 참고할 수 있다.

그리고 '선택과 집중' 차원에서, 준비된 마을은 현재의 역량단계별 지원체계로 성장하여 선도모델을 창출하도록 지원하되, 준비되지 못한 마을(소위 한계마을)도 성장할 기회를 제공해야 한다. 이런 점에서 지방 이양된 마을만들기 사업과 농식품부 시군역량강화 사업을 잘 연계하여 읍면 단위의 종합적인 정책 설계가 필요하다. 이런 역할은 현재 지자체 행정과 중간지원조직의 역할로 이미 주어져 있다. 하지만 현재의 농촌 정책과 주민자치운동 측면에서 가장 큰 문제점 중의 하나가 주민 스스로 작성한 지역발전계획이 없다는 점을 지적할 수 있다. 시군 단위 중장기계획은 모두 용역사 주도로 작성하고, 민간은 공청회나 위원회에 참여하여 단순한 몇 가지 제안을 하는 정도에 그친다. 주민참여 워크숍 형식의 자리도 단순히 의제 발굴에 집중하는 일회성 행사에 불과하다. 읍면 단위에서는 이런 기회가 더욱 빈약하다. 중심지활성화(기초생활거점조성)사업이 집행될 때에도 설문조사와 인터뷰, 워크숍 등이 진행되지만 용역사 주도의 사업계획 수립에 그치고 결과물도 지역발전계획이라 할 수 없다. 또 주민자치회에서 제안하는 마을계획(자치계획)도 단순히 의제 선정에 그치고, 또 연간 1회 개최하는 주민총회도 우선순위 의제를 선정하는 인기투표에 그친다. 이런 한계를 반복하지 않도록 읍면 주민이 주도하는 중장기적인 발전계획을 수립하는 것이 무엇보다 중요하다. 여기에 필요한 다양한 재원은 여러 정책사업이나 주민참여예산제로 확보할 수 있다. 이런 기회와 가능성은 모든 읍면에 주어져 있고, 시기와 경로만 다를 뿐 미리 준비하면 충분히 가능하다.

이런 문제의식에 기초하여 읍면 단위로 주민이 주도하는 지역발전계획을 수립하는 방법론에 대해서는 이미 여러 보고서로 정리한 바가 있고, 뒤의 참고문헌이 크게 도움이 될 것이다. 어느 것이나 마을연구소 일소공도가 주도하거나 깊이 관여하여 작성한 것이다. 여기에 이런 절차 모델과 방법론을 지역 특성에 맞게끔 설계하는 것은 각 지역의 몫인 셈이다. 특히 읍면마다 학습동아리에서 출발하여 지역발전계획을 수립하고 실천하는 과정에서 비영리 네트워크 법인(앵커조직)을 설립하고 강화하는 방향은 매우 의식적으로 접근할 필요가 있다.

여기에 덧붙여 중장기 발전계획을 실현하기 위한 수단의 하나로 행정과 중간지원조직은 매년 민간을 대상으로 추진하는 다양한 공모사업 목록집을 제작하여 배포해야 한다. 어려운 농촌 현실에서 민간 주체(주민자치회 포함)가 4~5년의 실천만으로 안정된 기반을 구축하고 지역발전계획을 실현(특정 분야만이라도)하는 것은 쉽지 않다. 공공행정에서 여러 공모사업이 언제, 어떻게 시행되는지 매년 반복적으로 제시하는 것은 기본 중의 기본 역할에 해당한다. 이를 통해 민간은 예측가능한 미래를 설계할 수 있다.

또 비영리 법인이 '지역발전을 위해 좋은 일을 하면서도 반상근 1명의 일자리도 확보하기 어렵다'는 현실을 고려하여 공모사업의 방법론도 크게 개선할 필요가 있다. 보조사업과 위탁사업을 엄격하게 구분하고, 비영리 공익적 사업은 민간위탁 사무로 분류하여 5년 이내 범위에서 위탁하는 것, 여기에 읍면 단위 민간위탁 사무는 포괄적으로 묶어 주민이 설립한 법인과 수의계약 방식으로 추진하는 것 등의 제도개혁이 이루어지면 일자리 문제는 크게 해결된다. '일자리 창출'은 모든 정권마다 노래를 부르지만 이런 제도개혁에는 너무 무관심하다. 이렇게 민간위탁 제도가 활발해지면 현장활동가의 안정된(상대적으로) 일자리도 확보되고, 농촌재생을 위한 '사람과 조직'도 지속적으로 성장하며, 주민이 수립한 중장기 발전계획도 시간이 걸릴 뿐 분명히 실현될 수 있다.

읍면 앵커조직의 미래, 어떤 방향으로 성장해야 할까

현재와 같은 농촌 현실과 제도적 측면을 고려할 때 읍면마다 비영리 네트워크 법인(앵커조직)은 반드시 필요하다. 그 이유는 (1)현재의 중간지원조직은 제도적으로 지자체 단위로 설치될 수밖에 없다는 점(읍면마다 설치하면 인력 수가 지나치게 많아지고, 조례에 읍면 설치까지 고려한 사례가 없다는 점), (2)주민자치회는 의사결정기구에 해당하고 집행조직으로 비영리 법인이 전제되어야 다양한 정책사업을 공적으로 집행할 수 있다는 점, (3)주민이 설립한 비영리 법인(특히 사회적협동조합)이어야 공유재산관리법이나 민간위탁 조례에서 제도적으로 혜택을 받을 수 있다는 점 등이다. 또 올해부터 시행되는 농촌공간재구조화법과 농촌사회서비스법도 생활서비스의 전달 주체로 민간 주체(비영리 법인) 설립을 강조하고 있다. 비영리 법인이라도 수익사업을 병행해야 행정과 대등한 협력관계를 유지할 수 있고, 또 민간의 네트워크 형식으로 설립되어야 정책적 및 정치적 변화에도 흔들리지 않는다. 이런 제도적, 현실적 필요성에 덧붙여 주민자치 및 지역자립 역량이 성장해야 뿌리가 튼튼한 조직으로 지역사회 앵커 역할도 수행할 수 있다.

 읍면 지역사회의 여건과 수준에 따라 앵커조직을 설립하는 경로와 법인 형태, 운영 및 재정구조, 네트워크 방식 등은 매우 다를 수 있다. 시군 단위의 공공행정과 중간지원조직은 이런 논의가 이루어질 수 있는 공론장을 제공하고, 초기의 설립 과정에서 역량강화 사업을 지원하는 역할이 필요하다. 읍면별 민간 주체는 기존의 기관·단체와 결사체, 공동체 등과 협력하여 지역 특성에 맞는 앵커조직을 설립하려 노력해야 한다. 이 과정에서 중요한 것으로 (1)설립 과정에서 읍면 지역사회의 대표성과 공공성을 확보해야 한다는 점, (2)이사회와 상근자 구성에서 전문성을 갖추어야 한다는 점, 또 (3)명확한 수익사업 영역을 개척하여 안정성과 지속성을 모색해야 한다는 점을 다시 강조하고 싶다. 이런 방향에서 앵커조직의 정체성이 확립되고, 지역마다의 특색도 드러날 것이다. 한국 농촌사회에서 사례가 거의 없기 때문에 현재 설립된 앵커조직들이 서로 협력하며 향후 방향을 공동으로 모색할 필요도 있다.

 또 하나의 미래 방향으로 해당 지자체의 다른 읍면 앵커조직과 협력하여 시군 단위의 비영리 네트워크 법인을 설립하거나, 혹은 기존에 이미 법인이 설립되어 있다면 연계협력을 강화하는 것이다. 현재 시군 단위로 설치된 중간지원조직은 행정직영으로 운영되는 경우가 많고, 민간위탁이라 하더라도 수탁법인이 지역사회에서 대표성이 미흡한 것이 현실이다. 따라서 중간지원조직을 통해 읍면 단위의 앵커조직 설립 과정을 지원받고(하향식), 그런 경험이 축적되면서 읍면 네트워크를 통해 시군 단위 수탁법인의 설립과 대표성 및 전문성 강화로 나아가는 방향(상향식)이 동시에 검토되어야 한다. 시군 단위 수탁법인도 대표성과 전문성을 동시에 갖추기 위해서는 읍면 단위 당사자와 법인의 적극적인 참여가 반드시 필요하다. 읍면의 다양한 기관·단체가 모여 비영리 네트워크 법인(앵커조직)을 설립하고, 이런 앵커조직이 협력하여 시군 단위 수탁법인에 적극 참여(이사, 회원, 조합원 등)하는 방향도 검토해야 한다. 이를 통해 읍면 앵커조직이 농촌 정책의 주인공으로 등장하고, 뿌리가 튼튼한 지역사회로 발전할 수 있을 것이다. 또 시군 단위의 민관협치 시스템도 더욱 강화되고 농촌재생의 가능성도 계속 확장될 것이다.

참고문헌

대통령직속 농어업·농어촌 특별위원회, 「농어촌재생을 위한 읍면 중심의 민관협치 추진체계 연구」
(구자인, 황종규 등 8인 공동집필, 2022.11.).

청양군지역활성화재단(마을공동체지원센터), 「농촌 마을공동체 활성화 보조금 제도 정비 연구 : '마을공동체 활성화 수당'(가칭) 제도 도입 방안」(마을연구소 일소공도 수행, 2023.8.).

충남마을만들기지원센터, 「살기 좋은 농촌 마을만들기 길라잡이 제도편」
(구자인 대표집필, 그물코출판사, 2022.12.).

해양수산부, 「2023년도 어촌신활력증진사업 공모 가이드라인」(2022.9.).

홍성생태학교나무·홍성문화도시센터, 「홍성군 읍면 생활권 단위 발전계획 수립 방안」
(마을연구소 일소공도 수행, 2023.10.).

내발성과 주민자치, 그리고 읍면 앵커anchor조직

황종규
동양대학교
공공인재학부 교수

국가 주도의 외생적 개발 방식으로 '선택과 집중'이 초래한 대도시의 과대 성장과 농촌의 쇠퇴는 오늘날 성장통이라 하기에는 과도한 사회적 균열과 내적 좌절을 초래하였다. 하지만 저성장과 탈성장의 국면을 맞이하여 해체된 농촌 마을과 자치 공간을 회복시키는 것은 안타깝게도 국가 주도로 해결할 수 있는 범위를 벗어났다. 주민자치와 민관협력을 통해 지역의 내발적 역량을 구축하고 스스로 해법을 창조해야 하는 절박한 상황으로 보인다. 그러나 지방정부는 여전히 개발시대의 관행적 정책 틀을 벗어나지 못하고 외부 투자와 중앙의 보조금을 '전가의 보도'처럼 휘두르고 있다.

이 글은 '성장 이후'의 시대를 내다보며 농촌의 재생과 지속성을 다루고 있다. 먼저 '내발적 발전'의 원리를 살펴보고, 최근 농촌개발 정책으로 추진된 '신활력플러스사업'을 내발성의 주체 만들기라는 관점에서 검토한다. 그리고 내발적 발전 전략의 실천은 '주민자치'의 원리에 근거한 것임을 규명하고, 구체적인 실천 공간으로서 읍면의 중요성을 살펴본다. 마지막으로 읍면에서 주민 주도의 내발적 발전을 실천하는 조직으로 '앵커조직'이 정책사업에 나타나는 배경과 사례를 소개한다.

'다른 발전' 전략으로서 내발성內發性

1975년에 스웨덴의 닥 하마숄드Dag Hammarskjold 재단은 UN 특별위원회에 「다른 발전Another Development」[1]이란 보고서를 제출하였다. 이 글은 그때까지 서구사회가 단일 기준으로 수용하고 있던 '근대화를 통한 총량적 성장주의 발전론'에 대해 대안적 접근방법을 제시한다. 발전이라는 개념을 국가 단위에서 지역(공동체) 단위로, 성장에서 조화로, 그리고 방법론에서도 지역 내부의 내발성과 구조적 혁신을 중시하는 쪽으로 재정립하였다(지경배, 2003).

제2차 세계대전 이후 체제경쟁이 강화되고 냉전체제가 구축되면서 서구권의 정치경제이론으로 기능하였던 소위 '근대화론'은 산업화와 자유주의 정치체제로의 수렴을 정상 국가화로 규정하였고 물질적, 양적 성장을 자유세계의 당위 규범으로 만들었다. 국가 발전 전략으로 원조와 차관을 통해 서구의 기술과 자본을 유치하고, 자원의 동원과 배분, 인프라SOC 구축과 연구개발 투자 및 사회서비스의 공급을 과제로 삼았다. 이런 발전국가 모델이 미국과 UN, 세계은행World Bank 등의 국제기구를 중심으로 전파되었고, 이를 '외생적 발전 전략'이라 부른다. 당연히 '선성장, 후분배'의 주류 담론이 앞자리를 차지하였다.

서구 중심의 세계 체제를 완성한 이 '근대화론'[2]은 지구 차원의 단일시장에 대한 지배력을 확보하였지만, 이것이 오늘날 우리가 경험하고 있는 양극화와 생태 위기의 전조이고, 인류의 지속성 자체를 위협한다

---

[1] 통상 '또 하나의 발전'으로 번역되고 있으나 필자는 기존의 외생적 발전 전략에 대한 대안적 접근이라는 측면을 강조하기 위해 '다른 발전'으로 번역하였다.

[2] 이러한 측면에서 에드워드 사이드E. Said가 구축한 '오리엔탈리즘Orientalism'은 비서구 사회에 대한 서구의 우월성, 지배와 배제의 정당화를 설명하는 유력한 개념이 된다.

는 것을 깨닫는 데는 그리 오랜 시간이 필요치 않았다. 1972년 로마클럽 보고서 「성장의 한계」는 '지속 가능한 성장'이라는 새로운 목표를 고민하게 하였다. 또 일본의 츠루미 카즈코鶴見和子는 1976년 미국 사회학회에서 기존의 근대화론을 비판하면서 그 폐해를 극복하는 전략으로 "내발적 발전endogenous development을 통한 비서구적 전략"을 제시하였다.[3]

개별국가 차원에서도 규모의 경제와 투자 효율성을 위한 '선택과 집중'이 특정 지역의 과밀화와 지역 불평등, 사회 격차, 환경 파괴, 공동체 해체와 같은 문제를 초래하였다. 성장의 효과가 지역에 배분되는 '낙수효과spill-over'보다는 시간이 지날수록 중앙으로 사회경제적 '쏠림'과 '유출'이 구조화되는 수직 계열화가 진행되었다. 지방은 중앙권력의 관리 대상이자 저렴한 노동력과 토지를 제공하고 상품 소비를 통해 초과이윤 확보를 가능하게 하는 '내부 식민지'가 되었다. 자기 정체성을 자산으로 자치와 순환경제를 통한 내발적 발전을 추구하기보다 중앙정부의 보조금과 기업 유치에 습관적으로 매달리는 중독 현상이 지방의 일상이 되었다. 지구 차원의 수직 계열화와 초집중이 완성된 현재에 와서도 외부 자본과 기술 및 지원 유치를 통해 외생적 발전을 추구하는 전략은 여전하다. 지역 내에서 중앙과 연계된 역할을 부여받은 거점지역의 일부 엘리트 계층에게는 낙수효과를 기대할 수 있어도 지방의 주민과 마을의 사회경제적 요구를 해결하거나 민주적 지속가능성을 만들지 못한다는 것은 명확해 보인다.

---

[3] 그녀는 주체로서의 지역주민과 주민의 내발성(자율성, 자력갱생)을 강조하고 주민에서 마을로, 그리고 국가로 진행되는 상향식 발전을 내발성의 경로로 설정하였다. 또 방법론으로 전통의 재창조를 통한 지역산업의 발전을 제시하고 있다. 내발적 발전을 정책과 제도보다는 지속적 자기혁신을 에너지로 하는 사회운동으로 전개할 것을 주장한 것이다(지경배, 2003, 296~298쪽).

이런 반작용으로 일본의 경우에는 1970년대 '혁신 자치단체 운동', 80년대 '마을만들기 운동'과 '지역산업 연관 구축'[4], 90년대 '민관협력과 제3섹터 운동' 등의 흐름이 있었다. 민간에서 시작된 내발적 발전의 논리와 실천은 지방정부(특히 시·정·촌) 차원의 정책과 제도 영역으로 자리잡게 되었다. 1990년대를 지나며 EU와 OECD에서도 내발적 발전 전략을 농촌과 낙후 지역의 발전 전략으로 채택한 정책적 시도들이 전개되었다. 우리가 잘 알고 있는 EU의 리더LEADER 프로그램은 대표적 농촌개발 정책으로 지금까지 진화를 거듭해오고 있다.[5] 마찬가지로 미국을 중심으로 하는 영미권에서는 커뮤니티의 자산을 활용하여 주민 스스로 내발적 발전을 추구하는 접근으로 '자산 기반 공동체 발전 ABCD'[6] 전략이 확장되고 있다. 이것은 대학과 민간의 중간조직이 중심이 되고 정부와 정책적 협력을 강화하는 방식이다.

1993년에 퍼트넘Robert D. Putnam은 남북 이탈리아의 경제적 성과의 차이를 분석하면서 사회적 자본social capital이란 개념에 주목하였다. 정치와 경제 주체들의 상호작용, 그리고 긍정적 집단행동을 촉발하는 좋은 규범이나 신뢰, 네트워크가 두 지역의 성과 차이를 발생시킨 것으로 본 것이다. 이것은 국가 중심의 외생적 투입 요소보다 사회에 대한 신뢰와 공공성(규범)의 확장, 그리고 정부와 사회의 밀도 있는 협력이

---

[4] 미야모토 겐이치宮本憲一는 내발적 발전을 주민 참여와 자치, 자기학습을 통한 주체 형성, 대기업과 정부의 사업이 아니라 지역의 기술, 산업, 문화를 토대로 특정 업종에 한정시키지 않고, 지역 내 부가가치가 지역경제 모든 단계에서 그 지역에 귀속되도록 '지역산업 연관'을 도모하는 것, 그리고 발전의 목표로 환경가치와 주민의 인권을 신장하는 것 등을 제시하였다(지경배, 2003, 299~302쪽). 그는 내발적 발전을 운동에서 지역경제 정책으로, 그리고 '1촌 1품'이 아니라 '1촌 다품'이 내발성에 부합한다고 주장하였다.

[5] 리더 프로그램의 최근 동향은 https://ec.europa.eu/enrd/leader-clld_en.html 사이트를 참고.

[6] '자산 기반 공동체 발전ABCD, Asset Based Community Development' 전략에 대해서는 https://resources.depaul.edu/abcd-institute/Pages/default.aspx 사이트를 참고.

정치·경제 발전의 핵심 동력임을 알게 해주었다. 따라서 건강한 시민사회, 참여와 공동체 활성화, 신뢰와 책임에 근거한 민관협력 등 좋은 거버넌스를 성공적으로 추진하는 것이 지속가능한 발전을 위한 전략으로 주목받게 되었다.

이런 역사적 경험을 통해 우리는 '성장 이후의 시대'에 '지속가능한 지역'을 만드는 힘은 지역 내부에 있다는 점을 확인할 수 있다. 외적 투입 자원의 우수성과 양적 크기가 아니라 지역의 정체성, 자연환경, 고유기술과 산업자원을 토대로 혁신적이고 창조적인 연계로 부가가치를 만들고 지역 내부로 순환시키는 주민과 공동체의 자치와 협동에서 출발해야 한다. 다시 말해, 내발성이 힘이다.

내발성의 주체 만들기 :
농촌신활력플러스사업과 액션그룹

한국의 내발적 발전 전략은 일본과 마찬가지로 압축성장의 외생적 개발을 겪으며 삶의 조건이 열악해진 도시빈민의 자구적 '운동'과 지역 환경문제를 해결하기 위한 주민'운동'에서 그 뿌리를 찾을 수 있다. 특히 도시빈민의 주거와 보건, 아동, 자립 등의 의제를 '스스로' 해결해나가는 운동은 점차 도시 주거공간의 자발적 정비와 '마을성 회복'을 목적으로 하는 주민운동으로 확장되어왔다. 이를 '마을만들기'라고 부르기도 하였다. 이런 주민운동과 성공 사례들이 2000년대 이후 정부 정책으로 수용되었다.[7] 최근에는 협력적 거버넌스를 정책 추진체계로 중시하는 세계적 흐름에 맞춰 대부분의 정부 정책이 '주민 참여', '주민 주도'를 명시적 정책 논리로 수용하게 되었다.

한국의 농촌개발 정책도 '주민 주도'의 발전을 내걸면서 각종 체험 마을만들기나 '농촌마을종합개발', '창조적 마을만들기', '농촌중심지 활성화', '향토산업 육성', '6차 산업화' 등의 다양한 사업을 추진하였다.[8] 정책적으로는 EU와 OECD의 내발적 농촌개발 정책 기조를 수용하고, 일본의 마을만들기 사례를 주요한 실천 논거로 하였다. 그러나 농촌의 활력은 살아나지 않고 고령화, 인구감소, 사회경제적 위축은 농촌의 일상에 더 깊은 그림자를 드리우고 있는 현실이다. 농촌 곳곳에 정부 사업의 결과물인 건축물과 설비들이 방치되어 있고, 그럼에도 신규 사업에 '참여하는 주민'은 '역량강화' 프로그램에 여전히 반복적으로 출석하고 있다.

　기존의 농촌개발 사업은 특정 마을이나 권역, 면 단위의 공간 층위별로 주민조직이나 영농조합법인, 민간단체 등 지원 대상자를 공모하여 추진하는 방식이다. 형식적으로는 주민 참여와 민간 주도형 사업임을 내세우고 있지만, 실제로는 주민이 발굴한 사업수요보다는 보조사업이 제시하는 의제를 채택하게 만드는 결과적 '동원'에 그친다. 정책사업의 설계 자체가 내발적 발전의 논리를 충분히 반영하지 못한 문제가 크다. 여기에 주민 참여를 공모사업 선정을 위한 요건으로만 이해하고 주민의 내발성을 '신뢰'하지 못하는 행정 관료의 관점도 중요한 요인으로 작용한다. 때로는 민간 주도의 정책 논리를 적극적으로 활용

7　대표적인 정책사업으로 노무현 정부의 '살기 좋은 마을만들기'를 들 수 있다. 이후에 마을과 공동체, 농촌개발, 도시재생 등 대부분의 정부 사업은 주민 참여와 주민 주도형으로 설계되고 '지역이 계획하고 정부가 지원'하는 형식논리를 채택하였다. 하지만 주체로서의 '지역'이 행정이나 전문가가 아닌 주민에게 권한과 주도성을 부여하는 단계로 나아가지는 못하고 있다.

8　한국의 마을운동은 농촌지역보다는 대도시와 그 주변부에서 출발하여 농촌으로 확산되는 경로를 가지고 있는 것이 특징이다. 그러나 정책으로 마을만들기사업은 주민운동보다는 공간사업 성격이 더 강하다. 우리나라 농촌개발 정책에 관련된 흐름은 대통령 직속 농어업·농어촌특별위원회, 『농어촌재생을 위한 읍면 중심의 민관협치 추진체계 연구』(2022.11.) 제2장을 참고 바란다.

하여 사적 이익을 추구하는, 소위 '보조금 사냥꾼'들에게 활동의 공간을 넓혀주는 부작용도 나타난다.

이런 점에서 2017년에 새 정부 국정과제의 하나로 추진되었던 '농촌신활력플러스' 사업[9]은 기존의 농촌개발 정책과 크게 달랐던 점이 몇 가지 있다. 무엇보다 물리적 투입 요소보다 그것을 의미 있게 만들고 가치 있게 운영하는 지역의 '사람과 조직'을 성장시키는 것, 이를 위해 '민관협력 거버넌스'를 구축하여 '농촌재생 주체'를 만드는 것이 핵심 목표로 제시되었다. 그래서 사업에 참여하는 추진단장을 비롯한 민간 전담 인력의 인건비는 지방비로 부담하게 하였다. 또 거버넌스 조직으로 추진위원회를 설치하고 최고 의사결정기구로서 계획과 집행 및 성과관리 등의 전반을 주도하도록 하였다. 농촌 내발적 발전 전략의 핵심 주체로서 '사람과 조직'에 집중투자하고, 지역의 정체성과 자원을 결합하는 '지역문제 해결 역량'을 구축하는 것이 정책 목표였다.

민간이 주도하는 추진단은 행정과 민간을 매개하며 거버넌스를 작동하게 하고, 사업의 원활한 추진을 지원하는 중간지원조직 역할로 설치되었다. 특히 핵심 활동은 지역문제를 발견하고 혁신과 협동을 통해 스스로 해결을 모색하는 '액션그룹'을 양성하는 것이고, 이를 위한 플랫폼 역할로 설정되었다. 여기서 액션그룹은 농산업, 소상공인, 스타트업 같은 경제 활동 영역만이 아니라 마을과 돌봄, 도서관, 공유공간, 사회적 농업, 평생교육 등 지역사회 서비스 영역까지 포괄한다. 일상의 필요를 발굴하고 지역 스스로 문제를 해결해나갈 수 있도록 모든 영역에 걸쳐 있다. 또 액션그룹은 활동의 결과를 사적으로 독점하는

---

9 신활력플러스사업은 노무현 정부의 균형발전정책의 일환으로, 낙후지역에 대한 내발적 특화발전 전략의 하나로 시작된 '신활력사업'을 기원으로 하고 있으며. 2018년부터 2022년 사이 연차별로 전국 100개 시군에 추진단이 구성되어 각각 4년을 기본사업 기간으로 하여 활동을 전개하고 있다.

것이 아니라 사회공헌이나 사회적 재투자를 통해 지역 전반의 사회적 자본을 형성하고 공공성을 강화하는 것이 중요한 역할이다.

통상 액션그룹의 조직화 과정은 전국의 추진단마다 편차가 크지만, 존 듀이John Dewey가 말하는 '실천을 통한 학습learning by doing' 방법론이 적용되었다. 일반적으로 지역주민의 개방적 참여를 전제로 기초 아카데미 참여 → 활동계획 수립 → 소규모(마중물) 실천 활동 → 2단계 심화 아카데미 참여 → 활동계획(본사업) 심사·선정 → 2단계 실천 활동 및 성장 과정 추가 지원 → 지속가능한 조직 만들기로 진행되었다. 농림축산식품부가 자체 집계한 자료에 의하면 2018년 선정 10개 추진단에서 348개, 2019년 선정 20개 추진단에서 522개의 액션그룹이 각각 참여한 것으로 조사되었다. 추진단별로 평균 30개 정도의 액션그룹이 양성된 것이다.

물론 모든 액션그룹의 활동이 긍정적인 면만 있지는 않을 것이다. 지자체 추진단의 역량도 편차가 크기 때문에 기존의 보조사업 방식을 반복하는 경우도 있고, 핵심 주체 발굴과 성장이라는 정책 목표를 달성하기 위한 전략과 실천 방법이 미흡한 경우도 있다. 그러나 공개모집을 통한 학습과 실천 기회의 공정한 제공, 자기주도적 기획과 혁신 및 협동의 원리 적용, 단계별 실천과 검증 및 추가 지원이라는 방법론은 기존의 농촌개발 정책과는 차별성이 크다. 전국 상당수의 추진단에서 의미 있는 사례가 보고되는 것으로도 확인할 수 있다.[10]

내발적 발전 전략을 농촌재생에 적용하려는 정책적 시도는 매우 중요하다. 구체적인 정책 설계도 중요하지만 내발성을 실천할 '주체'의

---

10 2023년 9월, 농림축산식품부가 주최한 〈2023 대한민국 농업박람회〉에서 전국 43개 추진단이 참여하여 2일간 진행한 성과공유회의 주제는 "농촌재생의 새로운 주체, 액션그룹"이었다. 당시 현장의 발표와 토론 및 전시를 통해 이러한 사실을 다시 확인할 수 있었다.

발굴과 성장 없이는 '나누어주기'식 보조사업 방법을 반복할 수밖에 없다. 그 결과는 당연히 행정 관료의 '실적 밀어내기'에 민간이 동원되는 결과로 이어진다. 신활력플러스사업이 이러한 '주체(액션그룹) 만들기'의 마중물이 되기 위해서는 몇 가지 해결해야 할 과제가 여전히 남아 있다.

첫째, 내발적 발전을 시군의 핵심 전략으로 채택하고 정책 우선순위를 '주체 만들기'에 두어야 한다. 지자체의 주류 전략은 여전히 외생적 자원 유치나 물리적 투자에 집중하는 것이다. 대규모 국비 보조사업에 선정되었다는 '현수막'이 필요하여 '주민 주도'를 입으로만 외치는 경우가 여전히 흔하다. 둘째, '주체 만들기'를 위한 자체 시책을 체계적으로 발굴하고 이를 지원하는 추진체계를 구축해야 한다. 주체 만들기는 중앙정부의 사업을 활용하거나 연계할 수 있다. 그럼에도 해당 지자체의 자기 계획과 투자 없이는 지역의 내발적 주체를 체계적으로 육성할 수 없다. 셋째, 행정 관료의 내발적 발전에 대한 이해와 '주체 만들기' 노력을 인사 시스템과 연동하여 추진해야 한다. 현재의 행정 관료가 일하는 방식과 문화는 외생적 전략에 오랫동안 적응되어 있고 조직 문화로도 정착되어 있다. 따라서 행정 관료가 내발적 발전 전략을 이해하고 '주체 만들기'를 추진하기 위해 우선 필요한 것은 학습과 연찬 研鑽이다. 이를 통해 전략적 사고로 전환하고, 민간 협력의 태도와 방법을 익히는 것이 선결되어야 한다. 중앙정부 의존도가 높은 한국 사회에서 지자체의 행정 혁신 없이는 사회 혁신도 내발적 발전도 어렵기 때문이다.

내발적 발전 전략이 자리잡기 위해서는 중앙정부와 행정의 정책적 전략적 노력이 필요하다. 하지만 지역사회의 내발성이 성장하고 행동으로 옮겨지지 않으면 오히려 부작용을 초래하고, 지속성도 상실하게 된다. 지역주민 스스로 자신을 지역문제 해결의 주체로 인식하고 협동과 연대의 역량을 조직하여 자기 책임과 공공성을 실천해야 한다. 이런 '주민자치'가 내발적 발전의 실천 원리로 매우 중요하다. 지역발전의 원동력으로 기존 연구들이 주목하는 사회적 자본의 성장은 결국 주민자치를 실천하는 것과 '동전의 양면'인 셈이다.

내발성의 사회·정치적 실천 원리 : 주민자치

자치自治는 '자기통치self-rule'라는 의미로 좁게 설명할 수 있지만 더 나아가 "지금 자신이 살고 있는 곳의 사회적 삶에 대한 자기 규율과 자기 책임"이란 의미도 동시에 가지고 있다. 따라서 특정 공간에서의 자치는 해당 지역의 문제를 자기 책임하에 해결해나가는 주체의 자율적 노력까지 포함한다. 그래서 '좋은 자치'란 경쟁과 승리의 관점보다는 협동과 공존의 관점을 요구한다. 자치의 관점을 '자율적 규범'과 '자립적 공동체 운영'이라고 한다면 원시 마을공동체 시기에도 관찰할 수 있다. 사람은 서로 대면이 가능한 공간에서 수평적 협력과 연대를 통해 공동의 문제를 해결하려 하기 때문이다. 이런 측면에서 자치는 넓은 범위보다 작은 대면적 공간일수록 성공에 유리하다.

통상적으로 '주민자치'라 부르는 용어에 대한 이해와 논리는 관련 학계와 실천 현장마다 다르다. 당사자 주민에게도 낯설거나 어색한 무엇으로 다가오는 경우가 많다. 그것은 우리나라의 지방자치가 일상의 생활공간에서 자기 규범을 통해 공동체를 만들고 운영해오던 '마을'이 확장된 것이 아니고, 지역 단위 정치체계가 민주주의 성장 과정의 결과물도 아니기 때문이다. 20세기의 100년 동안 식민지와 전쟁, 개발시대로 이어지며 '단절'과 '이식'의 형태로 지방자치가 주어졌기 때문이다. 일반적인 인식에서 중앙에 의해 통제되고 지휘받는 사회시스템을 '정상'으로 받아들이고, 또 지방자치란 단체장이나 의회와 같은 대의제 기구를 선거로 구성하는 것을 '완성'으로 보는 것이 현실이다. 이런 인식에서는 지역 민주주의와 '주민주권'[11]에 대해 깊이 있는 성찰과 실천이 자리잡기 어렵다.

중앙정부의 지원과 외부 자원 유치를 중시하는 지방자치는 거간꾼(?)의 능력에 좌우되기 쉽고, '주민'을 자치의 '당사자'로 보기보다 '대상'으로 '동원'하는 것에 익숙하게 한다. 주민자치를 자치행정에 대한 주민의 의견수렴 방법 중 하나로만 인식하거나, 주민자치로 생산하는 공동체 서비스를 행정비용 절감 방법으로 이해하는 것은 '중앙'과 '행정 관료'의 관점으로만 지방자치를 바라보는 것이다.

한국과 일본 학계에서는 일반적으로 지방자치의 두 가지 원리로 단체자치와 주민자치[12]를 구분하여 접근한다. 여기에는 자치권의 유래에 대한 두 가지 구별되는 관점이 배경으로 존재한다. 하나는 자치권이 헌법이나 국가에 의해 자치단체에 부여된다는 관점이고, 또 하나는 주민과 지역의 자연법적 고유권에서 출발한다는 관점이다. 지방자치를 중앙정부가 부여한 자치권의 행사 중심으로만 이해하는 것은 몰역사적이다. 생활공동체로서 마을이 확장되면서 주민 스스로 자연법적 고유 권리로 지역문제를 해결하기 위해 자치정부를 구성하고 주민자

---

[11] 국민주권과 주민주권에 대한 최근의 이론적 검토는 곽현근(2020) 참조.

[12] '주민자치'는 일본과 한국의 경우를 제외하고는 보편적으로 사용되는 학술용어가 아니다. 일본 헌법학계는 지방자치의 본질이 단체자치뿐 아니라 주민자치 원리도 포함한다는 입장인데, 우리 학계에서도 이러한 입장을 수용한 것으로 보인다. 즉, 단체자치는 헌법이나 국가에 의해 인정되어 구성된 자치단체가 독립적 자치행정을 수행한다는 의미로, 주민자치는 자치단체가 주민의 의사와 통제에 의해 운영된다는 의미로 받아들여지고 있다. 관련 학술적 논의는 곽현근(2021) 참조.

치를 실천한다는 관점이 필요하다.

영미권에서 '주민자치'라는 학술용어가 명시적으로 사용되지 않는 이유는 자치권이 주민의 고유권에 해당하고, 그래서 자치기구 구성과 자치활동을 자연법적 권한으로 보기 때문이다. 제도와 일상의 자치 모두 공공성을 실현하는 '주민주권'의 실천으로 이해하는 것이다. 이런 관점에서 주민자치를 '주민자치위원회'나 '주민자치회', '주민자치센터'와 같이 주어진 제도를 잘 운영하는 것으로 국한하는 것은 지나치게 협소한 인식이다. 지방정부가 열어놓은 제도적 공간에서만 주민의 자치권이 행사되도록 제한하는 결과를 가져오기 때문이다. 주민이 스스로 공공의 문제를 정의하고 그 해결을 모색하는 것은 주권 행위에 해당한다. 대의제 정부와 협력을 통한 공동의 노력도 자치의 주체로서 공공성을 실현하는 주민의 사회정치적 실천으로 보아야 한다. 그렇지 못한 '형식적 자치'는 제도로서의 자치에 불과할 뿐 아니라 공공성이 생활영역 전반으로 확장하는 것을 억압한다. 결국 이렇게 좁은 관점과 이해는 주민의 일상적 삶의 장소 자체를 황폐하게 만든다.

주민자치는 대의제 민주주의의 한계를 극복하기 위한 근본적 대안의 하나로도 설명할 수 있다. 주민자치는 직접 민주주의 방식의 주민 의사 형성과 숙의熟議 공론장 만들기와 같은 생활문화가 일상에 자리잡게 하여 '주민에 의한 자치'를 통해 지역 민주주의와 정치의 재구성을 지향한다. 또 공동의 문제 해결을 위한 의제 발굴과 공동체 활동, 주민 주도의 지역문제 해결을 위한 주체 형성과 실천, 이를 통한 튼튼한 사회적 자본 형성과 회복 탄력성resilience을 지향한다. 주민자치는 우리 사회의 성장과 민주주의에 대한 역사적 성찰 과정에서 만나게 될 '오래된 미래'에 해당한다. 우리 사회의 전환과 성숙을 위한 다양한 논의의 한가운데 주민자치라는 관점이 필요하다. 외생적 이식으로 주어졌지만 오랜 시간 숙성하여 이제는 내발성의 힘으로 전환시켜야 할 중요한 실험이다. 이제는 '시민의 시대'에서 '주민의 시대'로 역사의 한 페이지가 더 넘어가야 한다.

주민자치는 이런 맥락에서 주민이 지방자치의 주체라는 법·정치·제도 측면뿐 아니라 지역문제 해결의 주체로서 주민의 사회정치적 실천을 포함하여 다루어져야 한다. 외생적 발전 전략이 외부의 자본과 기술, 그리고 지원을 성장동력으로 삼는 것이라면, 그것을 담당하는 주체는 당연히 정부와 행정, 외부 인적 자원이 주도하게 된다. 그러나 지역 내부의 사람과 자원을 성장동력으로 삼는 내발적 발전 전략은 주민이 문제와 해결의 당사자로서 스스로 조직을 만들고 자원을 동원하는 사회정치적 실천이 강조된다. 이를 통해 공동체의 문제를 스스로 해결하거나, 지역의제로 만들어 지방정부와 '협력적 거버넌스'를 통해 해결하는 실천이 핵심적인 접근방법이 된다. 내발적 발전의 '주체 만들기'는 보조단체를 양성하는 것이 아니라 주민자치의 주체를 발굴하고 성장 과정을 지원하는 것으로 연결된다.

내발성의 실천 주체 : 읍면 앵커조직

앵커조직anchor organization이란 닻이 배의 본체를 바다에 고정하는 핵심 도구이듯이 '필요한 핵심 기능을 수행하는 조직'이란 뜻으로, 지속적이고 장기적인 계획으로 지역에 깊게 뿌리내린 조직이나 기관을 의미한다.[13] 지역 정책에 앵커조직이라는 용어를 활용한 것은 영국 정부로, 그 배경에는 1997년에 집권한 신노동당 정부의 '제3의 길'과 정책 노선, 그리고 공동체주의communitarianism가 있다. 영국은 대처 정부 이후에 정부의 역할을 축소하고 시장을 통해 해결하는 방향이 한계를 드러내면서 이를 극복하기 위한 주체로서 시민사회를 주목했다. 제3섹터로 호명된 '사회적경제'와 주민 주도의 '지역공동체'를 지역문제 해결의 주체로 다루기 시작한 것이다(김건, 2017). 실제로 2006년에 신노동당 정부는 기존의 공동체 사무와 사회적경제 사무를 통합하여 '제3섹터청'을 신설하고, 2007년에는 '제3섹터청Office of Third Sector'과 '공동체및지방정부부DCLG'가 제3섹터를 활용한 사회적·경제적 재생 전략을 다루는 보고서를 발간하였는데, 여기에서 처음으로 '공동체 앵커조직community anchor organization'이란 용어를 정책 용어로 사용하였다. 이 보고서에 의하면 "정부로부터 독립된 지역 기반의 조직으로 다양한 기능과 목적을 지닌 비영리 공동체 집단"으로 정의하고 있다(김건, 2017, 52쪽).[14]

구체적으로 스코틀랜드공동체연맹Scottish community alliance은 공동체 앵커조직의 특징과 기능으로 지역주민의 통제와 소유권, 지역사회 내의 존경과 리더십(외부 이해관계자에게 지역사회의 이익을 대변할 때) 보유, 다양한 공동체 주민자산(토지 및 건물) 소유를 통한 자체적 수입원 창출, 그리고 지역 활동과 활동 조직에 대한 지원 및 육성 등으로 설명한다.[15] 그들이 소개하는 스코틀랜드 지역의 공동체 앵커조직은 대부

---

[13] 대안적 지역경제 전략으로 '공동체 부 구축community wealth building'을 추진하는 영국의 로컬경제전략센터CLES는 앵커기관institution을 다음 두 가지로 정의한다. 1) 한 지역에서 대규모 고용과 지역 내 대규모 구매력을 가져 중요한 존재가 된 기관, 2) 지방정부나 대학, 기업, 공공기관 등과 같이 역사와 물질적 자산, 조직의 임무 등이 특정 지역과 밀접히 연계된 조직을 말한다. https://cles.org.uk/what-is-community-wealth-building/what-is-an-anchor-institution/참조.

[14] 다른 주장도 있는데, 스코틀랜드공동체연맹은 2004년 영국 내무부의 보고서 *Firm Foundations*에서 '공동체 앵커조직'이란 용어가 처음으로 사용되었다고 설명한다. https://scottishcommunityalliance.org.uk/about/anchor-orgs/ 참조. 그러나 2007년의 보고서가 본격적으로 공동체 앵커조직을 지역재생의 주체로 보고, 이를 지원하는 정책도 구체적으로 논의하기 시작하였다.

분 공동체 신탁, 지역개발 신탁, 세입자 및 주택조합, 사회복지협의회, 사회적기업 등의 형태를 띠고 있으며, 그것이 지역공동체에 권한을 부여하는 문제empowering와 로컬 민주주의 회복을 위한 정책 담론에서 핵심 이슈라고 주장한다.

신노동당 정부는 지역공동체 앵커조직을 지역문제 해결과 재생의 주체로 인식하여 커뮤니티 뉴딜New Deal for Communities, 근린 재생 Neighborhood Renewal 등과 같은 정책사업을 설계하고, 정부와 지역공동체 앵커조직의 파트너십을 로컬 단위 지역정책 거버넌스의 핵심 주체로 설정하였다. 2010년에 집권한 보수연립 정부는 더 나아가 로컬주의법Localism Act(2011)을 제정하면서 지역공동체를 정책사업의 주체에서 한 걸음 더 나아가 지역사회에 대한 다양한 법적 권리를 가진 주체로까지 규정하였다. 이 법으로 지역공동체 조직은 근린 지역이나 공동체 구역 개발을 위한 계획을 수립할 권리, 주택과 공동체 시설 등을 건설하고 소유·운영할 권리, 펍pub과 상점 등 유휴시설을 매입할 권리, 공동체 사업을 위한 기금 조성 권리, 공공서비스와 시설위탁 권리, 그리고 패리쉬parish와 타운town과 같은 마을정부council를 신설할 수 있는 권리 등을 부여하였다. 또 필요할 때에는 주민투표Community Referendum를 통해 권리를 확정할 수 있도록 직접 민주주의 절차도 확립했다.[16]

영국에서 로컬 단위[17] 지역정책의 핵심 주체로서 지역공동체 조직

---

15 https://scottishcommunityalliance.org.uk/about/anchor-orgs/ 참조, 공동체 앵커조직의 기능과 우리나라에 대한 시사점은 김건(2017) 외에도 한국지방행정연구원(2017)의 글 참조.

16 영국의 공동체주의 지역정책의 변천 과정은 황종규(2021) 참조.

17 영국 지역정책에서 '커뮤니티'가 '특정 공간'이나 '구역'의 범위와 연계하여 사용되는 경우가 있어 '공동체'로 번역할 때 의미 전달에 혼란이 발생할 수 있다. '공동체 앵커조직'은 그러한 의미에서 특정 생활권 구역을 기반으로 하는 주민조직으로 이해해야 한다.

이 대두된 것은 우리나라와 같이 기초 지방정부의 행정구역이 매우 넓은 것과 관련이 있다. 영국은 지방자치 계층이 2계층(광역과 기초)인 지역과 1계층인 지역이 공존하고 있는데, 잉글랜드에서 기초 지방정부에 해당하는 것은 2계층의 디스트릭트(192개)와 단일계층 정부(125개)로 총 317개가 있다(2019년 기준). 우리나라의 226개보다 많지만, 일본(시·정·촌) 1,741개(2021년 기준), 스위스 2,222개(2022년 기준) 등과 비교하면 하나의 기초 지방정부가 관할하는 구역이 압도적으로 넓어 주민의 자치권 행사에 약점이 많다.[18]

따라서 영국은 앵커조직이 특정 생활권 공간의 지역문제 해결 주체로서 '주민자치 조직'의 성격을 가지고 활동하고 있다는 것을 알 수 있다. 영국의 대표적 주민자치 조직은 패리쉬 의회parish Council와 근린공동체neighborhood community인데, 전자는 지방정부법Local Government Act에 의해 1894년부터, 후자는 2007년 제정된 '지방정부·보건참여법Local Government and Public Involvement in Health Act'(2007)에 의해 설치되었다.[19] 이처럼 영국은 지역주민들의 근린 공동체 조직을 법과 제도로 지역문제 해결의 주체로 인정하고 관련 권리를 보장하고 있다.

패리쉬 의회는 가장 기초적인 지방자치 단위로 주민의 직접선거로 구성하고, 지역계획 심의와 생활시설 관리·운영 등을 담당하고, 지역주민부담금과 지방정부의 이전 재원으로 운영한다. 대부분의 패리쉬는 잉글랜드 농촌지역에 존재하며 80% 이상이 주민 2,500명 이하의 규모로 작은 편이다. 근린 공동체는 50~300명 규모의 '블록', 여

---

[18] 실제 기초 자치정부의 평균 주민 수가 우리나라와 영국이 20만여 명 수준으로 세계에서 가장 많고 일본(6만여 명), 스위스(3천여 명), 프랑스(2천여 명) 등과 비교하여 과도한 수준이기 때문에 주민자치 관점에서 자치정부와 주민을 연결하는 활동과 조직이 중요한 역할을 하게 된다.
[19] 영국의 패리쉬와 근린 공동체의 주민자치제도에 대해서는 김순은(2016)의 글 참조.

러 개의 블록으로 형성된 500~2,000명의 '홈 근린 공동체'와 인구 4,000~15,000명 규모의 '전략적 근린 공동체', 인구 5,000~20,000명 규모의 '공동체 파트너십' 등으로 구분된다. 규모는 달라도 치안과 주택 및 환경 관리, 의료와 교육 등 공공서비스 제공을 담당하는 주민자치 조직으로 활동한다(김순은, 2016). 이처럼 영국의 '공동체 앵커조직'은 앞서 논의한 '주민자치' 실천 조직의 성격을 가지면서 공공행정 역할까지 담당하는 셈이다.

우리나라에서 앵커조직 개념을 정책 영역에서 처음 논의한 것은 도시재생에서 거점시설 운영 주체 양성 방안을 검토할 때였다. 하지만 정책사업의 구체적인 주체 개념으로 도입한 것은 해양수산부의 '어촌신활력사업'이 처음이다. 이 사업은 어촌생활권의 경제·생활플랫폼을 구축하고 사회혁신 활동을 통해 어촌의 지속성을 확보하고자 전국의 300개 사업지구를 단계적으로 선정하여 추진할 계획이다. 세 가지 사업유형 중에서 제2유형의 시행 주체로 '앵커조직'을 제시하였고, 지역자원조사를 통한 어촌생활권 설정, 사회혁신프로그램 기획 및 어촌스테이션 운영, 링커조직[20] 발굴, 기본계획 및 시행계획 수립, 백서 발간 및 홍보 등 사업 전 과정을 총괄·관리하는 역할을 하도록 설계되었다.

그러나 앞서 논의한 영국의 '공동체 앵커조직'이 해당 지역주민의 통제와 소유권을 기본 속성으로 하여 지역문제 해결의 주체로서 지역공동체의 '자치' 활동을 강조하는 것에 비해 어촌신활력사업의 앵커조직은 외부에서 조직된 사업 시행 전문조직의 성격이 강하다. 이런 점에서 이 글에서 논의하는 내발성 실천 조직과는 성격이 크게 다르다고 볼 수 있다. 물론 사업의 추진 결과로 해당 지역주민의 공동체 조직이

---

20 링커조직은 사회혁신프로그램을 직접 시행하거나 기본계획에 따라 추진하는 단위 사업 시행 주체를 의미하는데, 농촌신활력플러스사업의 액션그룹과 유사한 역할이다.

나 사회적경제 조직이 만들어지도록 지원하고, 이런 조직이 어촌마을의 지속성을 만드는 주체가 되는 것을 성과 목표로 두고 있다. 하지만 위상이 불명확하게 설정되고, 외부에서 조직하여 추진하는 한계 때문에 앞서 논의한 농촌개발 정책의 문제가 여전히 반복될 우려가 크다. 특히 300개의 사업지구를 '모두' 선정하기 위해서는 역량이나 준비 정도, 사업수요보다는 연도별 선정 실적에 대한 압박이 적지 않을 것이기 때문이다.

내발성 실천 조직으로서 '공동체 앵커조직'의 국내 사례는 정책사업보다 오히려 주민운동 현장에서 찾을 수 있다. 이런 지역은 오랜 시간 자발적으로 마을과 공동체 활동을 전개하며 역량과 경험을 축적하였고, 또 의제 활동의 범위를 넓혀 '읍면 행정구역' 단위의 공공의제와 결합하고, 지속성을 확보하기 위해 조직과 활동도 네트워크로 확장해온 곳이다. 예를 들어, 옥천군 안남면의 '안남면지역발전위원회', 아산시 송악면의 '사회적협동조합 송악동네사람들', 영광군 묘량면의 '사단법인 여민동락공동체' 등에서 발견된다. 모두 20년 가까이 '면' 지역에서 주민 속에 뿌리를 내리고 당사자로서 지역문제 해결의 주체로 꾸준히 성장해온 간단치 않은 역사가 있고, 높은 자치역량 수준을 보여준다.[21]

지역발전과 지역문제 해결의 핵심이 외부의 지원이나 지방정부 주도가 아니라 주민자치 역량에 근거한 내발성의 실천이라면 공간적 측면에서는 어느 정도 대면적 관계가 가능한 주민생활권 범위인 읍면이 훨씬 유리하다. 공간 범위가 넓을수록 주민의 주도와 상호작용보다 행정적인 계획과 통제가 작동하기 쉽고, 선택과 집중을 통한 효율성이 강조되기 때문이다. 따라서 주민 주도의 내발적 주체 형성은 효과와

---

[21] 앵커조직 사례에 대한 구체적 소개는 『마을』 12호의 '스밈'을 참고하고, 향후 한국의 읍면 단위 '공동체 앵커조직'의 구성과 활성화 방안에 대해서는 더 깊은 토론 기회를 기약한다.

실현 가능성의 측면에서 무엇보다 읍면 단위가 중요하다. 앞서 소개한 국내 사례들은 모두 '면' 지역에서 발견되고, 오랜 기간에 걸쳐 어려운 과정을 넘어서며 형성되었다. 영국의 '공동체 앵커조직' 사례처럼 법적 권리와 공공 및 사회적 투·융자 등의 제도가 뒷받침되었다면 갈등과 수고로움이 덜했을 것이고, 전국적으로도 더 많은 모범 사례가 나타났을 것이다.

특히 기초 지자체의 규모가 세계에서 가장 큰 우리나라는 1961년부터 읍과 면 자치단체가 해산되었다는 구조적 문제에 크게 주목해야 한다. 읍면 단위로 행정사무소가 배치되어 있지만 주민 주도의 지역문제 해결을 위한 법적 권한은 규정되지 않고, 주민과 주민조직들의 자발적 헌신과 '봉사'를 무한 반복적으로 요구하는 상황이다. 2000년부터 조례로 주민자치위원회가 설치되고, 2013년 이후부터는 주민자치회 같은 조직도 조금씩 설립되어 운영 중이지만 여전히 권한과 역할 및 지원체계가 제도적으로 크게 미흡하다. 이렇게 불완전한 상태에서 주민자치회 또한 오히려 '주민 동원'의 수단으로 작동하는 사례도 많이 보인다. 그동안 수많은 정책사업이 시행되었지만 지역의 민간 주체가 튼튼하게 성장하지 못하고, 주민자치 원리가 현장에 뿌리내리지 않는 것은 '재정투입'이 부족한 것이 아니라 '재정'으로 '내발성'을 살 수 없다는 것을 말해준다.

지금까지의 논의를 통해 주민의 내발성을 조직으로 담을 수 있는 공간 범위로 마을과 읍면이 효과적이라는 점, 재정투입에 앞서 주민의 자발성과 활동이 제도적 역량으로 조직될 수 있는 주민주권과 상향식 거버넌스를 법률적으로 뒷받침하는 것이 필요하다는 점 등이 선결과제임을 알 수 있었다. 우리나라의 읍과 면은 규모가 외국의 자치단체에 해당하지만, 그럼에도 자치 단위로 독립적 주민 의사 형성이 불가능하고 주민조직의 내발성을 법적 권한으로 제도화하지도 못하고 있다. 더욱이 정책 당사자로서 기초 지자체 행정은 농촌재생 정책에서 내발적 발전 전략을 전면에 내세우지 못할 뿐만 아니라 읍면 주민조직을 핵심 주체로 상정하고 있지도 않은 것이 큰 문제라 할 수 있다.

   결국 내발적 발전을 추구하기 위해서는 과감한 정책 혁신이 선결되어야 한다. 보조금과 지원사업보다 사회적 투자와 주민자치 원리를 농촌재생의 기본원리로 적용하고, 주민조직의 '권리와 책임'을 법률적 제도적으로 촘촘히 구성함으로써 읍면과 마을에 지역문제 해결 주체로서 '앵커조직'이 뿌리내리도록 해야 한다. 이런 방향성에 대해 주민 스스로 인식을 전환할 필요가 있다. 이제는 주민자치와 농촌재생이 만나야 한다.

참고문헌

곽현근, 「자치분권원리로서 '주민주권'의 이론적 정립을 위한 시론」, 『한국행정연구』 29(2)호 (한국행정연구원, 2020), 31~60쪽.

곽현근, 「일상적 실천공동체와 학술공동체의 '주민자치' 개념의 맥락적 분석」, 『한국행정학보』 55(2)호 (한국행정학회, 2021), 29~53쪽.

김건, 「영국의 공동체 앵커조직의 역할과 의미- Centre at Threeway 사례를 중심으로」, 『건축과 도시공간』 Vol.28(winter)(건축공간연구원, 2017), 50~57쪽.

김순은, 「영국의 주민자치 관련 법규와 제도」, 『주민자치』 59호(2016), 27~38쪽.

대통령직속 농어업·농어촌특별회위원회, 「농어촌재생을 위한 읍면 중심의 민관협치 추진체계 연구」(2022.11.).

지경배, 「내발적 발전론에 의한 지역정책의 전개를 위한 소고 : 일본의 이론과 정책사례분석을 중심으로」, 『한국정책과학학회보』 7(3)호(2003), 292~313쪽.

한국지방행정연구원, 「지역공동체 주도의 지역활력 증진: 영국 커뮤티니 앵커의 시사점」, 『지방자치정책 Brief』 제27호(2017. 8.).

황종규, 「영국 커뮤니티, 사회혁신의 중심이 되다」, 『균형발전·지역혁신 해외사례 Ⅱ』 (국가균형발전위원회, 2021).

스밈

농촌으로부터

사단법인 여민동락공동체, 전남 영광군 묘량면 | 권혁범
사회적협동조합 송악동네사람들, 충남 아산시 송악면 | 홍승미
사회적협동조합 나리포, 전북 군산시 나포면 | 마승철
함께마을교육 사회적협동조합, 전남 곡성군 죽곡면 | 박진숙
사단법인 한생명, 전북 남원시 산내면 | 윤용병
춘천별빛 사회적협동조합, 강원도 춘천시 사북면 | 최대영
읍면 법인 설립 지원 사례, 충남 당진시 농촌신활력플러스사업 | 김경숙

사단법인 여민동락공동체, 전남 영광군 묘량면

농촌공동체 활성화를 위한 시도와 모색

권혁범
사단법인 여민동락공동체
대표

여민동락공동체는 새로운 길, 다른 삶을 찾아 30대 초중반의 도시 젊은이 6명이 전남 영광군 묘량면이라는 작은 시골에 내려가 만든 협동조직이다. 내 삶의 주인으로 살면서 뜻 맞는 동료와 지역사회, 자연 속에서 작고 소박하게 더불어 사는 '좋은 삶'을 꿈꿨다. 또한 한국 사회의 가장 후미진 곳 농촌에서 어르신들의 행복한 노후에 동행하는 일, 시골의 작은 학교에 아이들을 보내며 지역주민의 자주성과 공생성을 기반으로 한 공동체 복지를 통해 제도복지의 한계를 넘어서고자 했다.

비영리법인 설립 시도와 실패, 비영리 개인시설로 시작

2007년 임의조직 여민동락공동체 설립 이후 1년 2개월 동안 지역조사와 내부 회의를 통해 가장 필요한 일이자 잘할 수 있는 일로 재가노인복지센터 설립을 결정했다. 치매와 중풍과 같은 중증 질환으로 스스로 일상생활 수행이 어렵고 가족과 마을 돌봄도 곤란한 처지에 있는 노인분들을 위해 주간보호, 방문요양, 방문목욕 등 전문적인 돌봄서비스를 제공하는 곳이다. 시설 운영을 위한 공간 조성 자금은 6명이 출자로 모았고 면 소재지에 땅을 사고 건물을 신축했다. 그리고 2008년 6월 18일 영광군 11개 읍면 중 면 최초로 노인복지시설을 설립하고 본격적인 활동을 시작했다. 여민동락노인복지센터는 중증의 노인 분들에게 전문 돌봄서비스를 제공할 뿐만 아니라 지역복지팀이 있어 지역사회 조직화와 농촌활성화 활동도 함께 추진했다.

원래 조직의 법적 형태는 사단법인 또는 사회복지법인 설립을 목표로 했다. 한국 사회복지 관련 법과 사회공헌 활동을 지원하는 비영리 재단은 법인이 주는 전문성과 안정성을 신뢰하였고, 차량 및 비품 지원, 시설 보강 등 활동에 필요한 것들을 지원하는 조건으로 법인을 미인가 또는 개인시설보다 더 우대했기 때문이다.

하지만 지자체 주무부서의 불허로 법인 자체를 설립할 수 없었다. 표면적으로는 "지역법인 충족률을 120% 달성하여 더 이상 받아줄 수 없다"가 이유였다. 그 밖에 사단법인은 복지시설 운영을 직접 할 수 없고 지원만 할 수 있다는

그림 1 | 여민동락공동체 초기 전경.

이 지역만의 독특한 해석이 있었다. 다른 지역 사례를 설명하고 설득했지만 결국 실패했다. 그래서 여민동락노인복지센터는 비영리 개인시설로 운영을 시작하게 되었고, 2009년 하반기에 지역사회 활동을 전담할 조직으로 비영리 민간단체 여민동락을 별도로 설립했다.

여민동락노인복지센터는 재가노인복지시설 운영과 노인 일자리 및 경로당 활성화 프로그램을, 비영리 민간단체 여민동락은 2010년 작은 학교 살리기, 2011년 마을기업 동락점빵 추진을 담당했다. 이때 비영리 민간단체의 주요 재원은 여민동락 설립을 응원하는 분들의 후원금이었다.

비영리 민간단체 여민동락공동체 설립과 활약 : 작은 학교 살리기

2009년 7월, 우리에게 청천벽력 같은 소식이 날아왔다. 묘량면에 유일하게 남은 공공교육기관인 묘량중앙초등학교를 학생 수 부족으로 영광읍 초등학교로 통폐합한다는 교육청의 공문이었다. 물론 분교 유지도 가능하다 했으나 지역 여건상 폐교가 될 것이 뻔하였다. 6개월 정도 지역 여론을 모으고 대응책 마련을 위해 분주히 뛰어다녔으나 지역 주민 대부분은 불가능한 일이라며 고개를 저었다. 1999년과 2004년에 묘량면의 중학교와 다른 초등학교가 각각 폐교되면서 겪었던 갈등과 절망감이 지역사회 곳곳에 남아 있었기 때문이다.

어린 자녀들이 있는 여민동락 주요 구성원들의 입장에선 시골에 정착한 지 얼마 되지 않았는데 학교마저 사라진다는 소식에 걱정이 많았다. 결국 여민동락공동체는 "이 학교를 살리지 못하면 여민동락공동체는 짐을 싸서 떠나겠다"며 작은 학교 살리기를 선언했다.

그림 2 ǀ 작은 학교 살리기 첫 번째 주민간담회.
지역주민들과 협력하여 구체적인 성과를 도출하고, 학부모들도 이주하면서 여민동락공동체가 지역에 뿌리내리는 계기가 되었다.

물론 처음부터 뭔가 그럴싸한 대안이 있었던 게 아니었다. 시골의 작은 학교는 '좋은 삶'을 위한 기준이고, 학교는 농촌을 살리는 마지막 보루라는 절박함이 그 출발점이었다. 우선 아이들을 등교시킬 통학차량을 비영리 민간단체 후원금으로 구입하고, 학교발전추진위를 꾸려 지역사회와 동문의 지지와 참여를 요청했다. 차별화된 교육 프로그램 운영을 위해 비영리 민간단체인 여민동락공동체가 재단법인 공모사업에 신청하여 단비 같은 재원을 확보하기도 했다.

정말 지난한 과정의 연속이었다. 각종 오해와 편견은 기본이고 매번 나타나는 숱한 장벽을 돌파해야 했다. 다행히 2년째부터 학생 수가 늘기 시작했고 4년 만에 폐교 대상에서 제외됐다. 그렇게 어렵다던 다목적 체육관이 들어서고 교육청 통학버스도 배정되면서 사실상 방치 수준이었던 교육환경이 나날이 개선되었다. 그리고 어느덧 초등학생과 유치원생을 더해 100여 명이 다니는 큰 학교로 성장했다. 당연히 특정인만의 작품은 아니었다. 작은 학교의 교육적 가능성을 보고 전학과 귀촌을 결정했던 열정 넘치던 학부모들, 마지막이라는 심정으로 지지와 도움을 주셨던 지역사회 주민들, 그리고 여민동락공동체 식구들이 똘똘 뭉쳐 일궈낸 기적과 같은 일이었다.

비영리 민간단체 여민동락공동체 설립과 활약 : 사람과 사람을 잇는 동락점빵

작은 학교 살리기를 시작했던 2010년, 면 소재지에 유일하게 있던 민간 소매점이 폐업했다. 정확한 이유는 알 수 없었지만 그로 인해 주민들은 막걸리나 간장 같은 간단한 생활용품조차도 영광읍에 나가서 사와야 했다. 젊은 사람들은 자가용을 이용하면 되지만 대중교통도 빈약한 시골 어르신들에겐 쉽지 않은 일이다. 무슨 방법이 없을까 고민하던 중 행안부에서 2011년에 처음 시행하는 '마을기업' 지원사업을 알게 되었다. 마을기업은 지역주민들이 공동의 문제를 수익사업으로 해결하는 사회적경제 조직이다. 당시에는 비영리 민간단체도 사업계획서를 제출할 수 있어서 여민동락공동체 이름으로 신청하였다.

"거동불편, 교통불편으로 생필품조차 구매하기 어려운, 구매 난민의 처지에 놓인 어르신들께 생필품과 먹거리를 공급해드리는 사회서비스형 유통사업단 동락점빵"이라고 소개하였고 운 좋게도 선정되었다. 마침 그해 여민동락공동체에 합류한 귀농·귀촌인 두 명이 "내가 해보겠다"며 나섰고 최선을 다한 결과 2012년에는 별다른 지원 없이 매출 1억이 조금 넘는 기적을 만들어냈다. 물론 여민동락공동체가 간접적인 도움을 주긴 했지만, 본래의 취지도 달성하면서 생활비도 벌고 빚도 없이 운영한 것이다. 당시에도 사회적경제 조직의 부족한 자립역량이 비판의 대상이었기에 행안부 마을기업 지원사업 초기 동락점빵의 정착은 관심 있는 이들에게 조금씩 주목받는 계기가 되었다.

그림 3 | 2011년부터 시작된 동락점빵. 구매 난민이 된 농촌 어르신을 위한 생필품 배달 활동이다(왼쪽부터 이동장터 차량 외부와 내부, 조합원 총회).

비영리 민간단체 여민동락공동체 사업단에서 '동락점빵 사회적협동조합'으로 재탄생

2013년 초에 동락점빵의 지속가능성을 확인한 우리는 바로 그해부터 지역사회 리더들과 젊은 주민들에게 동락점빵을 적극적으로 홍보하였다. 또 영광군 최초로 협동조합 대중 강좌를 개최하며 핵심 이용자들과 함께 공부하기 시작하였다. 그리고 2014년 중순에 동락점빵은 지역사회 리더와 주민들이 참여하는 사회적협동조합으로 재탄생했다. 처음 동락점빵을 세우고 자리를 잡게 한 건 여민동락과 작은 학교 살리기를 통해 만난 소수의 젊은 학부모들이었다.

당연히 설립 당시 다수의 젊은 주민들은 이해할 수 없다는 반응이 대세였다. 이문이 남지 않는 가게를, 그것도 이 작은 시골에서 연다는 것은 상상할 수 없는 일이었다. 하지만 조합원으로 참여한 어르신들과 마을 원로, 지역사회 리더들이 함께 키우고 살려갔다. 사회적협동조합으로의 전환은 동락점빵을 여민동락 일부의 소유에서 지역 공유제로 바꾸는 걸 의미했기에 꼭 필요한 일이었다.

설립 당시 120여 명의 조합원으로 시작한 동락점빵 사회적협동조합은 현재 400명으로 늘었다. 묘량면 실질 인구의 40%가 함께하고 있다. 창립총회에서 이사장으로 선임된 전 묘량면 번영회장님의 인사 말씀을 아직도 잊을 수 없다. "앞으로 갈 길이 멉니다. 해결해야 할 일도 많습니다. 주민들의 지혜와 협력을 통해 묘량을 대표하는 사회적경제 모델로 자리잡을 수 있도록 부족한 힘이나마 열심히 보태겠습니다."

당연히 사회적경제의 튼튼한 마당은 본래 농촌이다. 서로의 손을 맞잡고 나눔과 공유, 협동과 연대의 가치를 높이고 사람과 지역사회, 자연이 함께 공생하는 세상! 우리의 오래된 희망이자 도전이었다. 동락점빵 사회적협동조합의 길이 그렇다. 아주 작은 도전이며 여전히 가시밭길이지만 농촌 주민들 스스로 이뤄가는 풀뿌리 자치, 지역순환경제의 토대이기도 하다.

묘량면 활성화 주민위원회 결성과 활동 그리고 앞으로 필요한 것

2017년, 여민동락공동체를 설립한 지 만 10년이 되었다. 복지로 시작했지만 인구감소, 과소화, 고령화로 악순환의 위기에 놓인 농촌에서 마냥 손 놓고 있을 수 없었기에 작은 학교 살리기부터 공동체기업 설립까지 이어졌다. 조금은 힘들었지만, 복지와 교육, 문화, 경제의 통합적 조망과 실천을 통한 농촌공동체 활성화가 답이라 생각했다. 그래서 지역 현안이 발생할 때마다 관계된 주민, 귀농·귀촌인들과 함께 해결하면서 자연스럽게 지역주민으로 연착륙할 수 있었다.

하지만 농촌의 위기는 여전히 진행 중이었다. 여민동락 설립 이후 10년간 300명의 인구가 감소하였고 고령화율은 36%에서 41%로 오히려 증가했다. 묘량면 전체 인구 중 45세 이하 청년세대는(영광군 조례 기준) 27%에 불과하고 실제 거주하는 인구는 더 적다. 심지어 2025년에는 정말 어렵게 살려낸 묘량중앙초등학교에 입학할 학생이 없다는 예측이 있다. 물론 지역의 원로께서는 그나마 여민동락이 인구 댐의 역할을 했고 급감하는 인구를 완만하게 줄어들도록 조절하면서 준비할 수 있는 시간을 벌었다고 했다. 어찌 됐든 여민동락과 이해관계 주민들만의 힘으로는 해결하기 어려운 시대의 과제임은 틀림없었다.

결국 '작은 학교 살리기'를 시작했던 것처럼 다시 한 번 지역사회 전체를 대상으로 묘량면의 현실을 알리고, 마지막이라는 심정으로 '묘량면 살리기'를 제안했다. 당장은 10년간 신뢰가 쌓인 젊은 이장들을 중심으로 예비추진위를 결성하고 면장, 부면장과 함께 방법을 모색했다. 그리고 2018년 지역사회를 대표하는 자조조직인 묘량면 번영회 정기총회에서 '묘량면 활성화를 위한 주민위원회 결성과 지역개발사업 추진'을 안건으로 통과시켰다. 번영회장님과 다수의 임원들(당시 묘량면 사회단체장)이 동의하고 면사무소의 적극적인 협조가 있었기에 가능했다. 또한 작은 학교 살리기에 참여했던 젊은 학부모들도 열정적으로 참여하며 행정이 제시한 최소한의 절차와 무관하게 자체적으로 농촌활성화를 위해 필요한 정보수집과 토론, 다수의 초청강좌 개최, 우리의 기준으로 적합한 선진지 목록 작성과 견학을 추진하였다.

그리고 2019년에 농림축산식품부 기초생활거점육성사업에 선정되었고, 그해 11월 21일에는 지역의 기관단체와 젊은 주민 대상으로 "묘량면 건강한 인구구성과 활성화를 위한 10년의 구상과 실천안" 수립과 추진을 위해 합동 설명회를 개최하였다. 이때 주민위원회 임원과 분과(기획환경, 농업경제, 교육문화, 청년일자리)를 재구성하였고, 10년간의 세부 활동 계획도 수립하기로 하였다. 하지만 2020년 갑작스럽게 불어닥친 코로나19 상황으로 인해 회의 자체를 열 수가 없었고, 그동안 적극적으로 협력과 지원을 아끼지 않았던 면장과 부면장이 다른 곳으로 보직 이동하면서 논의 자체가 어려워졌다.

결국 1단계 과제로 선정한 3개안 중에서 작은 도서관 및 다목적 복합공간 조성은 엉뚱한 방향으로 흘러 어디에서나 볼 수 있는 평범한 '유휴공간'으로 신축되고 있다. 제2의 작은 학교 살리기를 위해 꼭 필요했던 소규모 공공임대주택단지 조성은 외부 공공기관의 적극적인 조력에도 불구하고 지자체의 거절로 현재까지 답보 상태에 있다. 그나마 작은 학교 살리기에 참여했던 학부모들이 중심적인 역할을 담당하는 교육문화분과가 묘량중앙초등학교와 협력하여 교육부의 '학교 공간 혁신사업'에 선정되어 순차적으로 진행되고 있다. 각종 현대식 교육시설과 새로운 교육 공간 구성을 담아낸 '농촌형 미래학교'로 2026년 재개교할 예정이다. 앞에서도 언급했듯이 2025년 입학할 학생이 없다고 예상되는 상황에서(현재 기준으로는 4명이 있음) 이런 지역에 이런 학교 하나로 무엇을 할 수 있을지 난감한 상황은 지속되고 있다.

농촌의 위기를 해소하기 위한 국가의 정책적 시도가 오랜 시간 있었으나 안타깝게도 의미 있는 결과를 만들지 못하고 있다. 어떤 이들은 임계점을 넘었다고 하며 이제는 다가올 충격을 최소화하는 방안에 집중해야 한다고 한다. 무엇이든 불확실한 시대이고 미래를 예측한다는 것은 우리 수준으로는 어려운 일이다. 대신 이럴 때일수록 무너진 토대를 복구하는 것이 피해를 줄일 수 있는 최선이라 생각한다.

사실상 '로또'와 같은 대기업, 대학, 산단, 혁신도시 등의 유혹에서 벗어나야 한다. 사람 살만한 최소한의 바탕 곳곳이 붕괴하여 수십 조를 쏟아부어도 '토대'를 복구하지 않으면 무엇 하나 축적되기 어려운 현실이다. 말 그대로 '밑 빠진 독에 물 붓기'와 같다. 농촌 사회가 사람의 기본적 품위를 지켜주고 발전을 위한 '품'이 되어 주지 못하는데 누가, 무엇이 남아 있겠는가 싶다.

우선 농촌의 3대 토대 복구를 위한 민관의 10년 로드맵 수립(단기 과제)과 20년간의 지속적인 실천이 중요하다. 세 가지를 간략하게 제안해본다. 첫 번째는 인적 토대의 복구다. 특히 농촌 활성화를 위한 핵심 주체의 유입이 절실하다. 농촌을 지향하는(가치 지향), 준비되어 있고 역량 있는 사람들을 정책적으로 발굴해야 한다. 두 번째는 물질적 토대의 복구다. 특히 위와 같은 젊은 사람들이 살 수 있는 공공임대주택 조성과 생활급여 지급이 필요하다. 세 번째는 공동체성의 복원이다. 환대와 포용, 이해와 존중의 문화를 만들어낼 주민 공론장이 있어야 한다. 대표적으로 주민자치회를 제도적으로 뒷받침해줘야 한다.

'정든 묘량에서 건강하게 나이들기' 프로젝트 추진과 여민동락 사회적협동조합 설립

여민동락은 여민동락대로 끊임없이 새로운 모색과 시도를 이어가고 있다. 늘 이상을 꿈꾸되 농촌의 위기 심화와 현실적 한계를 낙관이나 비관 없이 있는 그대로 보려고 노력한다. 젊은 세대 인구의 감소와 공동화의 심화, 중심으로의 끊임없는 탈출, 이런 경향은 현시점에선 막을 방법이 없다. 현대 산업사회는 100년 전 복지국가가 탄생한 시절과는 비교할 수 없을 만큼의 복합적 위기를 우리 일상에 불러들였다. 이런 현실에서 모든 정보와 권한을 가진 국가와 지방정부는 여전히 과거의 방식에 집착하고 있으니 답답하기 이를 데 없다.

'목마른 자가 우물을 판다'고 했다. 급변하고 있는 농촌의 현실 앞에서 절박함을 느끼는 우리가 지역사회와 함께 대책을 세우고 실천하는 것 말고는 답이 없다. 그동안 핵심 주체 유입을 위해 적극적으로 추진했던 2차 작은 학교 살리기는 출생률 0.7명이라는 구조적 문제까지 더해지면서 사실상 우리 힘만으로 추진하기가 어려워졌다. 욕심내지 않기로 했다. 여건이 허락하는 범위 내에서 천천히 갈 생각이다. 대신에 이제 다시 우리 스스로 잘할 수 있는 것에 집중하기로 했다.

최근 우리나라에서 가장 많은 인구를 차지하던 베이비부머 세대가 노인으로 진입하기 시작했고, 게다가 저출생과 저성장 상황이 겹치면서 미래의 노인돌봄 문제가 핵심 이슈로 부각되고 있다. 더군다나 한국의 노인복지시설이 삶의 공간이 아닌 수용 또는 죽음의 공간으로 인식되는 부정적 현실 속에 베이비부머 세대는 자기결정권의 보장, 자유로운 일상, 치유적 환경으로 존엄한 삶을 보장하는 돌봄공간이 나타나길 기대하고 있다. 유럽이나 일본도 과거에는 노인복지시설이 수용시설 그 자체였다. 하지만 문제의식을 느낀 중장년층이 본인 스스로 직접 그러한 돌봄공간 설립에 나서면서 지역사회와 정부에 오랜 시간 제도적으로 받아들이길 요구하였다. 그런 노력이 쌓여 현재는 많은 나라가 부러워하는 돌봄공간이 조성되어 운영되고 있다.

모두가 알다시피 우리나라 농촌에 거주하는 대다수 인구는 65세 이상 노인과 중장년층이다. 많은 이들이 이런 현실을 위기라고 표현하지만 사실 엄청난 기회이기도 하다. 그래서 여민동락은 3년 전부터 이 문제를 해결하기 위한 태스크포스TF를 결성하고 하나씩 준비하고 있다. 일명 "정든 묘량에서 건강하게 나이들기" 프로젝트다. 10년 동안 3단계 로드맵을 통해 지역사회에 필요한 돌봄 인프라를 지역이 주도하여 조성하자는 것이다. 그동안 함께 해온 젊은 학부모들, 어르신들, 지역사회 리더들과 각각 간담회를 개최하여 활동 배경과 필요성, 해외 사례를 설명하고 추진 방향에 대해 논의하였다. 그리고 동의하는 분들 중심으로 조합원으로 참여할 것을 요청하였다. 그리고 이 노인돌봄 사업을 전담할 법적 조직으로 별도의 사회적협동조합을 설립하기로 결정하였다. 사단법인보다는 지역사회 구성원의 참여와 연대, 민주적 통제로 운영되는 공동체 기반 조직으로 사회적협동조합 형식이 적합하다고 판단했기 때문이다. 물론 운영자금을 확보하기가 수월하다는 장점도 있다.

출자금만으로는 부지 구입과 신축이 어려웠다. 때마침 행안부의 지역자산화 공모사업이 있었고, 여기에 신청하여 최종적으로 9억 1천만 원을 '융자'받았다. 기존에 참여하셨던 조합원 어르신들은 출자금 증액으로 동참하고 이웃 어르신들을 신규 출자자로 모시기도 했다. 2023년 8월 26일, 드디어 1단계 노인돌봄 인프라를 완공하고 개소식을 했다. 유럽과 일본의 노인복지시설을 참고하여 주간보호센터와 공유공간을 마련한 것이다. 사실 기존의 노인주간보호센터는 매우 협소하고 공간 구성이나 프로그램 운영이 보호 기능에 멈춰 있었다. 이제는 이용하는 노인들의 필요와 욕구를 충족하고 삶의 활력을 증진하며 존엄한 일상을 보낼 수 있도록 1인당 사용 면적을 3배로 늘렸다. 가정집처럼 편안한 느낌을 주기 위해 입식 부엌, 소파가 있는 거실, 옥외 공간이 훤히 보이는 대형 창문 등을 배치하였다. 그 외 넓은 옥외 공간을 마련하여 향후 공동체 정원으로 만들어 노인과 가족뿐만 아니라 가까운 이웃,

지역사회 주민들과 함께 소통할 수 있는 공간으로 활용할 예정이다.

앞으로 세대별 핵심 조합원 중심으로 2단계 돌봄 인프라 조성을 위한 TF를 재구성하고 구체적인 의견수렴 및 토론과 학습, 선진지 견학 등을 추진할 예정이다. 2단계(2026~2028년) 핵심 과제로 선정된 것은 유럽식 소규모 노인의료복지주택(노인공동생활가정) 설립과 의료복지 사회적협동조합으로의 전환이다.

3개 공동체기업의 연합회 성격을 가진
(사)여민동락공동체, 그리고 이후 모습

2009년 만들어져 1차 작은 학교 살리기 안착과 동락점빵의 안정적 운영의 토대를 만드는 데 큰 역할을 했던 비영리 민간단체 여민동락공동체는 2013년 11월에 농림축산식품부가 인가하는 사단법인 여민동락공동체로 전환하였다. 현재는 400명 정도의 회원들이 매달 십시일반으로 보내주는 후원금으로 운영하고 있으며, 동락점빵과 여민동락 사회적협동조합, 여민동락 농업회사법인 등 3개 조직에서 일하는 귀농·

그림 4 | 여민동락공동체 총회.
사단법인 여민동락공동체와 여민동락 사회적협동조합, 여민동락 농업회사법인이라는 3개 조직은 서로 연결되어 활동하고, 2단계(2026~2028년)에는 의료복지 사회적협동조합을 설립할 구상이다. 이 시점이 되면 조직 재정비가 이루어질 것이다.

그림 5 | 2023년 제32회 대산농촌상 시상식.
주민과 함께 생활에 필요한 복지와 교육, 서비스 등을 자치적으로 해결해온 활동이 평가받아 대산농촌상 농촌발전 부문 대상을 수상했다.

귀촌인도 회원으로 참여한다. 그리고 각 공동체기업의 대표들이 모여 여민동락 전체 활동의 방향과 중요한 현안을 결정한다. 현재 총 15명의 귀농·귀촌인이 각 공동체기업에서 일하고 있으며, 설립 멤버부터 2년 전에 이곳으로 이주한 분도 참여하고 있다.

  몇 년 전부터 일하는 사람에 비해 법인의 숫자가 많다는 이야기가 계속 있었다. 그동안 필요에 따라 어쩔 수 없이 만들긴 했으나 관리하는 것도 만만치 않다. 아마 2단계(2026~2028년)에 의료복지사회적협동조합이 설립될 시점이 되면 모두 통합해야 하지 않을까 생각한다. 물론 이것도 가봐야 안다. 농촌의 미래는 여전히 불확실하기 때문이다.

사회적협동조합 송악동네사람들, 충남 아산시 송악면

마을과 학교를 잇는 교육공동체에서 마을공동체 네트워크 구축으로

홍승미
송악동네사람들
상임이사

아산시 송악면은 작은 농촌 마을이자 산촌 마을로 자연생태가 잘 보존된 아름다운 청정 마을이다. 아산시 최남단에 위치한 지리적 여건과 외암리 민속마을과 송악저수지, 광덕산으로 둘러싸인 지형적 특성으로 각종 개발의 손길이 닿지 않는 지역이었다. 변화가 적어 발전이 더딘 까닭에 아산시에서도 낙후 지역으로 구분되었다. 1990년대 중반까지만 해도 산림청의 오지奧地개발사업이 들어올 정도로 3,000명 남짓의 적은 인구에 불과했다. 노령화와 인구감소로 쇠락해가는 여느 농촌처럼 송악면도 예외는 아니었다. 면 소재지의 거산초등학교가 폐교 위기에 처했고, 빈 상가와 집들이 증가했다. 인구소멸 및 고령화와 지역소멸이란 악순환의 고리가 지역민들에게 각인되었다.

여느 농촌 마을과 다르지 않았던 송악에 새로운 변화가 시작된 것은 2000년쯤이다. 폐교 위기에 처한 거산초를 '전원형 작은 학교'로 전환하고, "마을이 학교다"라는 기치로 마을교육네트워크가 시작되었다. 여기에서 출발하여 세 개 학교의 혁신학교 전환, 마을교육을 기반으로 한 협동조합들의 생성과 성장이 이루어졌다. 이제는 소멸 위기의 농촌이 아니라 젊은 세대가 귀농·귀촌해서 살고 싶은 농촌마을공동체의 모델 마을로 성장하였다.

송악면은 평범하고도 작은 시골 마을이지만 에코뮤지엄 기행작가인 오하라 가즈오키大原一興의 저서 『마을은 보물로 가득 차 있다』라는 제목이 어울리는 마을이다. 이토록 멋진 마을 송악은 사람이 보물이고 그 귀한 사람들이 가득한 보고寶庫이다. 마을을 통해 개인의 존재감이 여지없이 드러나는 곳이다.

태동기(2000~2012년) : 학교와 마을을 잇다

20여 년이 지난 지금, 송악면의 인구는 4,400여 명으로 계속 늘어나고 있다. 특히 아이들이 많이 늘었다. 거산초등학교는 2000년 전교생 39명에서 현재는 120명, 면 소재지 송남초등학교는 전교생 87명에서 현재 250여 명으로 늘어났다. 인근의 모든 농촌에서 인구가 격감하는 20여 년 동안 송악면에서는 무슨 일이 일어났던 것일까?

마을과 함께하는 학교, 공교육의 새로운 희망 그리고 가능성

학교는 재미있는 곳일까? 송악에서는 '그렇다.'

공교육 안의 대안학교로 알려진 거산초등학교는 2001년에 새로 시작되었다. 전국의 작은 학교 통폐합에 맞서 마을 사람들이 작은 시골 학교를 살리기 위한 길을 찾기 시작했다. 천안과 아산의 좋은 선생님들, 작은 시골 학교로 보내고자 하는 학부모들, 그리고 마을의 학교를 살리려는 주민들이 함께해 '전원형 작은 학교'를 만들었다. 너무나 많이 알려진 거산초는 지금도 한 학년에 20명 한 반씩, 전교생 120명의 작은 학교를 이어가고 있다. 시골에서 작은 학교의 장점을 살리는 통합교육을 끊임없이 고민하며 함께 만들어가고 있다.

2004년에는 면 소재지에 있는 송남초등학교 안에 솔향글누리도서관을 만들면서 더 적극적으로 학부모와 교사, 아이들이 함께하는 마을학교로 만들어가고자 애써왔다. 학교 안의 마을도서관은 소통의 공간이 되었고 배움과 나눔의 교육공동체를 꿈꾸는 선생님들 중 많은 수가 마을의 주민이 되었다.

변화와 희망은 송악을 사랑하는 선생님들과 부모들이 더 긴밀하게 만나게 하였고 마을의 주인으로 자리잡게 했다. 이런 관계가 매년 소소하게 이어져오면서 학교는 자연스럽게 마을의 일부로 자리잡았다. "마을이 학교다", "한 아이를 키우는 데는 온마을이 필요하다"는 슬로건이 송악 마을교육의 공통된 지향으로 받아들여졌고, 마을과 학교는 서로의 자리를 자연스레 내어주었다.

명실공히 송악면 변화의 중심에는 학교가 있었다. 거산초, 송남초, 송남중까지 세 개의 학교가 모두 혁신학교가 되고 학부모이자 마을주민들의 커뮤니티들이 활발하게 활동하였다. 그러면서 주민 참여로 만들어낸 지역의 변화를 통해, 마을교육공동체를 이뤄가는 과정을 통해 송악마을은 보기 드물게 젊고 활기찬 농촌 마을이 유지되고 있다.

또한 마을에서는 2001년부터 송악감리교회를 중심으로 송악친환경농민선교회가 만들어지면서 친환경으로 농사짓는 유기농업운동이 시작되었다. 지금 송악은 한살림의 주요 유기농 생산지이다. 그리고 '외암리 군부대 이전 반대운동'과 '거산초 폐교반대운동'을 통해 주민 스스로 마을을 지키는 경험을 함께하게 되었다. 이런 일들은 송악지역을 새롭게 변화시키는 중요한 역사적 계기가 되었다.

학교와 마을을 잇는 마을배움터 '반딧불이지역아동센터'

송악에 마을로 향하는 학교가 있다면, 학교를 향하는 마을의 플랫폼도 있었다. 송악마을의 자치적 돌봄활동은 그 역사가 깊다. IMF로 인해 지역 내 조손가정이 늘어나 마을 아이들의 돌봄 문제가 심각해졌을 때 이를 절감한 송악면 주민들은 주민 스스로의 힘으로 해결해보자고 마을 리더들과 함께 운영위원회를 만들어 2004년 마을배움터 반딧불이 교실을 열었다. 현재 마을커뮤니티 공간 해유 2층에 자리한 송악반딧불이지역아동센터의 전신이다.

반딧불이지역아동센터와 송남초등학교가 연계하여 2013년 5월에는 한국마사회 농촌희망재단의 후원으로 '농어촌 희망교육공동체 사업'을 진행했다. 학교와 마을이 함께한 첫 공동사업이었다. 마을 안에 있는 다양한 직업을 알아보면서 학생들의 진로 탐색 기회를 부여한 "마을이 곧 학교다" 프로그램과 마을교사 육성을 위한 마을교사 아카데미, 청소년 마을학교(인문학 여행, 어르신 자서전, 마을신문), 청소년 연극단, 청소년 밴드 등 다채롭게 운영됐다.

2014년에는 한국문화예술교육진흥원이 운영하는 시민문화예술교육지원사업에 선정돼 마을연극단 '우정공'을 창단하고, 창단공연 〈두 여자 이야기〉를 무대에 올렸다. 극단 우정공은 '우리가 정말 공연할 수 있을까'의 줄임말로 창단 이후 해마다 한 편의 연극을 만들고 송악마을 예술제에 공연을 올리고 있다. 한국문화예술교육진흥원의 지원은 3년간 이어져 송악면 문화예술의 성장에 큰 촉매제가 되었다. 매년 가을에 온마을이 함께하는 송악마을예술제의 근간이 된 제1회 송악마을골목예술제를 개최하는 계기가 마련된 것도 이 사업을 통해서였다.

정착기(2013~2016년) : 마을협동조합의 태동

2013년 1월, 학교와 마을을 잇는 교육을 지향하는 교사와 학부모들이 마을공동체 발전에 관심을 가지기 시작했다. 협동조합을 고민하는 그룹이 함께 공부하고 삶을 나누는 모임을 매월 1회, 3년에 걸쳐 진행하며 협동조합과 영국·일본의 마을만들기 사례들을 배웠다. "함께 만들고 싶은 송악"을 주제로 브레인스토밍을 한 후에는 가장 선호도가 높았던 세 개 분과로 나누어 모임을 진행했다. 로컬푸드분과는 '고랑이랑 협동조합' 설립으로, 적정기술에너지분과는 '송악에너지공방 협동조합' 설립으로, 문화예술교육분과는 '사회적협동조합 송악동네사람들'의 설립으로 각각 분화되어 이어졌다. 마을만들기와 마을순환경제에 대한 3년여의 고민 끝에 각각의 주체들이 참여하여 마을의 필요에 부응한 결과다.

첫 번째로 젊은 귀농인들을 중심으로 2013년 '협동조합 고랑이랑'이 만들어졌다. 고랑과 이랑, 참 정겨운 말이다. 이랑과 고랑은 혼자서는 존재할 수 없고 서로 주어진 역할을 담당하면서 함께 잘 어울려 살아간다. 협동조합 고랑이랑은 송악면에서 친환경 농사를 짓는 농부들과 귀촌한 주민들이 함께 출자하여 만든 협동조합으로 농산물꾸러미, 반찬꾸러미 등의 사업을 꾸준히 추진해오고 있다. 면 단위로는 드물게 로컬푸드운동을 조직한 사례이기도 하다. 그리고 2022년에 로컬식당 '고은밥상'을 열었다.

고랑이랑 협동조합은 송악지역의 안전하고 건강한 먹거리를 기반으로, 얼굴이 있는 생산과 소비의 행복한 만남을 꿈꾼다. 고랑과 이랑이 어울려 밭을 이루듯 말이다.

두 번째는 '송악에너지공방 협동조합'이다. 고랑이랑과 비슷한 시기인 2013년에 만들어진 송악에너지공방은 적정기술을 이용한 대안에너지를 연구 개발하고 기술을 함께 공유하자는 의미를 갖고 설립된 협동조합이다. 농촌에서 함께 일할 수 있는 젊은 사람들을 만나는 일은 너무나 어려웠다. 그래도 필요한 일이라 믿기에 마을의 에너지 자립을 꿈꾸며 힘겨운 길을 한 걸음 한 걸음 걸어왔다. 지금은 아산 시내로 공간을 옮기고 사회적기업으로 인증받아 주로 취약계층 주거개선사업을 하고 있다.

그리고 세 번째로 2016년 설립한 '사회적협동조합 송악동네사람들'이 있다. '송악동네사람들'은 다양한 문화의 힘을 지닌 마을 사람들 스스로 서로가 가진 것들을 나누고 함께 배우며 세대 간에 자연스럽게 삶을 나눌 수 있도록, 특히 문화예술로 마을에 활력을 불어넣고자 만들어진 협동조합이다. 만들어지기까지 3년여의 논의 과정이 있었고 느슨한 마을공동체를 추구한다. 그러기에 절대 서두르지 않는다. 아주 느리게 조금씩 서로의 조각조각 삶을 맞추며 여러 사람의 한 걸음 한 걸음으로 시작하였다. 우리 동네 손맛이 깃든 먹거리도 나누고, 한 땀 한 땀 손으로 만든 수공예품도 나누고, 소소하게 살아가는 살림살이도 나눈다. 마을에서 난 것들을 마을에서 순환하고 공유하는 일은 마을의 관계들을 더 따뜻하고 풍요롭게 해줄 것이라 믿고 있다. 생활의 필요를 함께 만들어가는 사람들과의 관계망, 함께 돌보고 나누는 생활공동체, 참여와 자치, 협동으로 만드는 마을공동체를 지향한다.

더불어 함께하는 재미난 마을살이를 꿈꾸는 '사회적협동조합 송악동네사람들'

2015년 11월부터 마을공동체사업과 마을경제사업의 안정적 구심점을 마련하기 위해 사회적협동조합 설립의 필요성이 제기되었다. 본격적

그림 1 | 사회적협동조합 송악동네사람들 창립총회.

으로 발기인 모임을 시작하여 2016년 2월, 32명의 발기인이 모여 창립총회를 개최하고 그해 7월, 사회적협동조합 설립 인가를 받았다. 발기인들은 30만 원 이상의 출자금을 납부했고 최소한의 운영 인력 확보를 위해 월 1만 원 이상의 조합비를 약정했다. 법인 창립에는 그간 마을주민들이 자치적으로 벌여오던 다양한 활동의 주체들이 폭넓게 참여하였고, 이제는 모든 마을자치활동의 중심축 역할을 담당하고 있다.

조직 정관에 드러난 설립 목적을 살펴보면 "조합은 자조·나눔·연대·공공성·민주주의의 가치로, 조합원은 참여·배움·성장·사회적 책임이라는 가치를 가지고 활동한다. 마을 안에서의 생산과 소비의 순환, 살림살이의 공유, 자조자립의 마을경제, 조합원이 즐겁게 참여하고 성장하는 자치의 마을공동체를 추구한다"고 명시하고 있다.

현재 법인은 윤혜영 이사장과 임원 10명, 조합원 115명, 그리고 상근 실무자 3명과 활동가 2명이 함께 근무하고 있다. 예비사회적기업 3년차이다. 그동안 청년일자리나 신중년일자리사업을 활용하여 함께 일하는 직원이 5명에서 10명 정도로 조금씩 확대되었다. 올해부터는 사회적경제 영역의 일자리가 대폭 감소하여 예비사회적기업 전문인력

일자리, 신중년 경력형일자리가 중단되어 아쉬움이 크다. 하지만 '송악동네사람들'에서는 처음부터 지금까지 조합원과 활동가들의 열정으로 조합을 이끌어가고 있다.

"누구나 놀다 가유~", 우리 마을 열린공간 '놀다가게'

'송악동네사람들'은 2016년 4월, 학교 앞 문방구가 사라지고 오랫동안 비어 있던 10여 평 남짓한 작은 공간에 첫 번째 마을 공유공간이자 무인카페인 '놀다가게'를 오픈했다. 다양한 재주를 가진 주민들이 만든 공예품과 농산물 등을 자율적으로 '샵인샵Shop in shop' 형태로 사고팔며, 마을주민들이 자연스레 들러 놀다 갈 수 있는 사랑방이다.

  모일 수 있는 공간이 생기자, 회의와 행사를 중심으로 움직였던 마을공동체 활동이 또 다른 국면으로 접어들었다. 언제든 모여 앉아 마을과 이웃의 이야기를 나누면서 마을공동체는 더욱 일상화되고 촘촘해지며 점에서 선으로, 선에서 면으로 관계가 단단해져갔다. 놀다가게는 놀다카페, 공유밥상, 낭만포차 등을 운영하며 '깨비장'이란 이름으로 주 1회 온·오프 로컬장터를 여는 등 '놀다마담'이라 불리는 조합원 자원봉사자들의 자치를 통해 운영하게 되었다.

지금, 여기, 우리, 사랑해유 함께 '해유'

현재 송악마을공동체의 가장 상징적인 공간은 '송악마을공간 해유'라고 할 수 있다. '해유'는 애초 송악면 거점마을인 역촌리에 농식품부 면소재지종합정비사업으로 2016년 1월에 완공되었다. 본래 전통예절교육문화센터라는 명목으로 만들어진 공간이지만 마땅한 관리 주체와 활성화 실행 계획이 세워지지 않아 1년 넘게 방치되다시피했다. 아산시도 마을도 운영하기 어려운 현실을 해결해야 하는 시점에서 '송악동

그림 2 | 송악마을공간 '해유' 개소식.

네사람들'이 운영 주체가 되기를 희망했고, 아산시가 해법을 마련하기 위해 중재에 나섰다. 수차례 운영 활성화를 위한 협의테이블을 만들어 송악면 사업추진위원회와 '송악동네사람들', 아산시의 3자 협약을 통해 2017년 11월, 드디어 '해유' 개소식을 했다.

현재 해유 1층은 '송악동네사람들'이 직접 운영하는 마을커뮤니티 공간으로, 2층은 송악반딧불이지역아동센터로 나누어 운영하고 있다. 마을의 아이들과 청소년, 어른들 모두를 위한 마을배움터이자 마을공유문화공간이 된 것이다. 송악면 주민들의 거점공간으로서 다양한 공모사업을 활용하여 여러 프로그램과 시설을 운영하고 있다. 지역의 네트워크 활성화를 위해 지속적인 마을공동체 협력체계도 구축하고, 지속적인 교류와 공동학습을 통한 송악마을 공동체 기반 구축에 매진해 왔다. 나아가 소통협력사업의 일환으로 네트워크사업, 마을학당, 활동가 워크샵, 소규모 동아리사업, 마을비전포럼, 송악놀장, 송악마을예술제 등 10여 개 프로그램을 운영하고 있다.

'송악동네사람들'의 주요 사업은 다음과 같다

- 세대 간에 함께 배우고 나누는, 마을교육공동체를 만들어가는 〈마을교육문화사업〉
  – 마을방과후학교, 청청캠프, 마을인생학교, 꿈사다리학교, 송악놀장, 마을예술제
- 사는 곳 가까이 함께하는 돌봄공동체를 만들어가는 〈마을함께돌봄사업〉
  – 찾아가는 어르신 인생학교, 함께돌봄 코디네이터사업
- 마을에서의 생산과 소비의 순환, 참여자치의 경제 〈마을순환경제사업〉
  – 제로웨이스트카페 놀다가게, 해유공방, 마을공간해유사업
- 마을공동체 커뮤니티 활성화를 위한 〈마을소통협력사업〉
  – 마을교육네트워크, 돌봄네트워크, 협동경제네트워크, 마을연대협력사업

세대공감을 이어가는 마을교육

'송악동네사람들'의 가장 주된 사업은 마을교육사업이다. "누구나 가르칠 것이 있으며 누구나 배울 수 있는 것이 있다"는 배움과 나눔의 가치로 생활의 필요를 함께 만들어가는 사람들과의 관계망, 함께 돌보고 나누는 생활공동체를 만들어가기 위해 마을교사를 중심으로 다양한 세대를 아우르는 마을학교를 열었다. 청소년에서 어르신까지 다양한 세대가 함께 만나는 '마을인생학교'는 마을예술가, 마을교사들을 연결해 해마다 10여 개의 강좌를 열고 있다. 또한 마을의 미래인 아이들과 청소년, 청년들이 마을 안에서 배우고 성장하며 꿈을 키울 수 있도록

유아예술학교, 방과후마을학교, 청소년-청년을 잇는 청청캠프 등도 꾸준하게 열고 있다.

축제가 일상인 마을

지역주민 스스로 만들어가는 마을문화예술교육은 마을축제로 자연스럽게 연결되었다. 학교와 마을을 연결하며 '송악놀장'이라는 연 4회 마을장터와 문화행사를 열고, 가을에는 송악면의 거산초와 송남초, 송남중 세 개 학교와 마을이 오랜 시간 함께 기획하여 '송악마을예술제'를 열기 시작했다. 시골 농부, 요리사, 예술가가 함께하는 '송악놀장'과 '송악마을예술제'는 송악 동네의 재미난 삶을 공유하며 마을주민 스스로의 힘과 창조성으로 만드는 축제의 장이다.

그림 3 ㅣ 법인이 운영하는 다양한 활동.
마을교육과 돌봄, 문화 등이 일체가 되어 즐거운 행사가 '해유' 안팎에서 수시로 열린다. 특히 매년 개최되는 송악마을예술제는 모두가 참여하는 축제의 장이다.

송악마을예술제와 더불어 송악희망장학금 마련을 위한 먹거리 행사도 진행된다. 세 개 학교 학부모들이 마을 아이들을 위해 마련한 이 행사는 송악마을교육네트워크 '오늘'이 주도하여 마을과 학교가 공동으로 기획하고 진행한다. 이날 행사로 마련된 장학금은 거산초, 송남초 졸업생 전원에게 줄 졸업장학금과 송남중 꿈사다리 진로캠프, 마을학교 등에 소중하게 쓰인다.

사는 곳 가까이 함께하는 마을돌봄

2020년의 전 세계적 코로나19 팬데믹 상황과 전국적인 집중호우로 인한 홍수 피해는 송악지역에도 큰 도전이 되었다. 하여 '2030 송악마을비전워크숍'을 통해 "아이에서 어르신까지 모두가 행복한 마을"을 중심 비전으로 삼고 '송악마을돌봄네트워크'를 새롭게 구축하여 주민 스스로 마을의 의제를 해결해가고자 주민참여형 통합돌봄 활동을 시작했다.

노령인구가 많은 농촌 마을에서 가장 절실하게 필요한 것은 '함께 돌봄'의 공동체를 만들어가는 것이다. 행복한 노후를 위해서는 예방적 차원의 서비스가 제공되어야 하며, 가까운 지역관계망을 통한 돌봄과 심리·정서적 돌봄서비스가 강화되어야 한다. 3년 동안 이어진 돌봄활동가 양성과정을 통해 배출된 활동가들이 스스로 마을함께돌봄 조사와 돌봄 프로그램을 진행한 것은 마을통합돌봄에 있어 가장 필요하고 유효한 작업이었다. 조사부터 학습, 돌봄 모델에 대한 지역포럼을 주민 스스로 진행하는 과정에서 농촌 마을 주민참여형 돌봄모델의 인적 기반을 구축하게 되었다.

마을돌봄 활동가들의 공동학습과 연구를 통해 개발된 돌봄서비스를 '배후마을로 찾아가는 어르신인생학교' 프로그램으로 발전시켜 지

그림 4 ㅣ 송악마을함께돌봄 공유회.
마을과 마을의 네트워크는 교육을 넘어 사회적경제, 돌봄복지 등으로 계속 확장되고 있다.

역자원들과 함께 실행하면서 지역통합돌봄의 모델을 구체화할 수 있었다. 마을교육네트워크와도 연계하여 중학교 학생과 학부모 자원봉사단으로 진행하는 독거어르신 반찬배달 '동네손주 왔어요' 활동은 마을 속에서 교육과 돌봄을 잇는 특별한 활동이다.

또한 신중년 경력형일자리사업을 신청해 6명의 돌봄코디네이터가 80여 분의 돌봄사각지대 어르신들을 찾아가 방문하며 인지상담, 심리상담, 돌봄연계 프로그램 등을 진행했다. 이를 통해 관계의 고립으로 인한 외로움, 건강의 어려움을 겪고 계시던 어르신들에게 실질적인 도움을 주고 지역 연계를 통한 돌봄을 확대했다.

돌봄코디네이터는 현재의 노인복지서비스 체계가 가진 한계도 극복하고 있다. 일자리가 부족한 농촌 마을에 퇴직 후 귀농·귀촌한 신중년, 중장년들이 그동안의 경력과 역량을 살려 내가 사는 곳 가까이에서 돌봄활동에 참여함으로써 마을공동체의 일자리를 확대해갈 수 있는 꼭 필요한 사업이었다고 생각된다. 안타깝게도 정부의 사회적경제 활성화사업 축소와 함께 2024년부터 고용노동부 신중년 경력형일자리사업도 크게 축소되었다.

　초고령사회 농촌 마을에서 마을돌봄의 필요는 더욱 커져가고 있다. 또한 읍면 단위 마을공동체들의 연대와 협업을 가장 필요로 하는 의제이기도 하다. 송악면에서는 2024년 농촌협약으로 기초거점시설로 세대공감센터 건립 계획을 세우고 있다. 장기적으로 다양한 영역의 마을돌봄 거점공간으로 자리매김하도록 돌봄복지, 의료복지, 주거복지 등의 통합모델을 구체화해가는 작업을 지속적으로 해나가야 할 것이다.

자립과 자치의 마을순환경제
마을인생학교를 통해 어른들도 스스로 하고 싶은 것을 찾아 마을 내 동아리들이 많이 만들어졌고, 자치와 협동으로 다양한 경제사업을 하는 단위로 성장하게 되었다. 커피꽃동아리가 놀다카페사업단으로, 재봉동아리가 해유공방사업단으로, 지속가능한 삶을 꿈꾸는 제로동아리가 제로샵놀다가게를 운영하는 팀으로 이어져 협동조합의 자립 기반을 마련해가고 있다. 지속가능한 마을협동조합으로서 '송악동네사람들'의 경제기반은 해유공간사업(공간대여, 견학, 체험)과, 광목수의와 업사이클링제품을 생산하는 해유공방사업이다. 2023년 3월에는 해유공간에 제로웨이스트카페 '놀다가게'도 새롭게 개소했다. 조합 내 여러 사업과 활동을 연결하며 순환경제를 활성화하는 공간으로 자리매김하고 있다.

읍면 단위 마을네트워크 구축을 통한 마을소통협력사업
오랫동안 송악마을공동체의 구심점 역할을 해온 '송악동네사람들'은 지역공동체 협업 플랫폼으로서 각 의제별로 네트워크를 구축하였다. 교육, 돌봄, 협동경제 등 세 개의 중점의제별 협동네트워크를 구성하여 모임을 정례화하고 지속하면서 지역의 다양한 조직들이 참여하게 되고 민-민, 민-관의 협력네트워크도 확대되어갔다. 송악면 지역사회의 세 개 학교 교사와 학부모, 마을협동조합 주체들이 모이는 마을교육네트워크 '오늘', 여러 복지기관과 단체, '송악동네사람들'이 함께하는 마을함께돌봄네트워크, 그리고 여러 협동조합과 경제조직이 참여하는 마을협동경제네트워크가 그것이다.

이런 협력네트워크 속에서 '송악동네사람들'의 핵심 역할은 '연결'이다. 주민과 주민 간의 연결, 마을과 여러 자원과의 연결, 지역 내부와 외부 자원과의 연결, 이런 연결을 통해 상호교류와 협력을 촉진하는 것이다. 마을에는 이러한 역할을 하는 법인이 반드시 필요하다고 생각한다.

하지만 이런 네트워크는 조직이라기보다 느슨한 '연대회의' 구조라 할 수 있다. 지속적인 모임을 통해 지역을 기반으로 활동하는 사회적·경제적 단위들의 연계협력을 강화해나가고, 또 지역의제를 공유하며 매년 공동의 학습과 협력사업을 통해 지역공동체를 연결하고 확장하는 공동의 실험들을 해나가고자 하였다.

물론 연대회의 구조라 다양한 협력사업을 이끌어가기에는 한계가 있다. 그래서 공유와 협의를 통해 결정된 사업은 '송악동네사람들'이나 학교, 주민자치회 등 각 단위에서 나누어 진행한다. 그래서 연계협력사업은 해마다 다양한 형태로 진행되고, 때론 축소되고 때론 확대되어갔다. 마을방과후학교, 마을문화제, 마을예술제, 마을포럼 등은 그 근간이 되는 마을소통협력사업이다.

민-민 네트워크와 주민자치회와의 연계협력

2021년에는 균형발전위원회가 지원하는 '생활권 기반 연계협력사업'

을 통해 지역 내 네트워크 사이의 연계사업을 더욱 확대하고, 각 네트워크의 주체들과 주민자치위원회가 함께 '송악면 마을계획단'을 구성하여 '제1회 송악면 주민총회'를 공동 진행하게 되었다. 각 마을회관으로 찾아가 의제를 발굴하고 선정한 뒤 다시 주민설명회와 사전투표, 주민총회 개최 등의 절차를 거쳤다. 이를 통해 송악면 주민의제사업을 결정해보는 과정을 거침으로 실질적인 주민자치를 처음으로 경험해 보는 계기를 마련하였다.

지역 내 네트워크가 이미 구축되어 있었기에 최초의 송악면 주민총회가 주민협의체 공동의 의견수렴과 주민들 속으로 찾아가는 의제 발굴, 마을계획 수립으로 이어질 수 있었다. 이런 과정을 통해 주민들은 스스로 지역의제를 찾고 사업을 결정하여 해결해나감으로써 지역 내 주민자치 역량을 키우고 송악면 민관협력 거버넌스의 토대를 만들게 되었다.

송악면은 2023년에 주민자치회로 전환하였고, 마을교육네트워크 주체들은 교육분과로, 마을돌봄네트워크 주체들은 복지문화분과로 연결되었다. 주민자치사업을 논의하고 협업하여 진행함으로써 송악면의 자치역량을 키우고 마을자치공동체로서의 기반을 더욱 강화해가고 있다.

아이에서 어르신까지 모두가 행복한
송악마을의 미래와 제안

마을이 토양이라면 지역의 여러 작은 공동체는 그 토양 속에서 자라난 나무라 할 수 있다. 지역공동체의 토양이 단단하고 풍성할수록 그 속에서 다양한 공동체가 자라고, 이들이 서로 지역 내에서 긴밀하게 연결되어 있을 때 건강한 지역생태계도 만들어질 것이다.

2023년 대통령 직속 지방시대위원회에서 주관한 국가균형발전 우수사례로 '송악마을공간 해유'가 대상을 수상했다. 아이부터 어르신까지 아우르는 활동과 주민자치조직들이 경직되지 않고 다양한 형태로 서로 연결된 활동을 높게 평가한 듯하다. 그럼에도 아직 갈 길이 멀다. 송악면은 옥천군이나 의성군에 비해 마을에서 자란 청년들을 위한 공간과 사업이 아직 전무하다. 다음 세대로 이어지는 마을활동가의 양성, 농촌 기반 사회적경제의 확대, 사회적돌봄 일자리 확대 등 지속가능한 마을공동체로 성장하기 위해서는 송악마을주민과 공공의 협력은 매우 긴요하다.

마지막으로 읍면 단위 공동체의 활성화와 마을생활권 연계협력 강화를 위한 과제를 몇 가지 제안하면 다음과 같다.

지역커뮤니티 활성화를 위한 포괄예산 방식의 협력네트워크사업 확대

지역 안에는 교육, 경제, 돌봄, 문화 등 각각의 영역별로 네트워크가 필요하다. 모든 것을 아우르는 지역협의체 하나로는 다양한 마을공동체의 의제를 구체화하고 해결해가기 어렵다. 다양한 영역의 지역네트워크가 함께 지역을 알아가고 공동의 학습을 진행하면서 지역과제를 협동으로 해결해갈 수 있도록 협력네트워크사업이 각 읍면 생활권 단위로 더욱 확대되어야 한다. 다만 현재와 같이 여러 부처, 부서의 분절적 보조금사업 집행 방식으로는 지속가능성과 자립성을 확보하기가 매우 어렵다. 지방정부 내에 지역공동체를 활성화하기 위한 포괄예산 방식의 연속 지원이 필요하다.

생활권 단위 내 마을커뮤니티활동가 지원제도의 도입과 확대

지역소멸, 지방소멸의 담론이 많이 등장하고 있다. 현재의 지역소멸론은 인구학적 측면에서 농촌 고령화에 따른 자연 소멸과 수도권 집중에 따른 폐해에 치우치고 있다. 농촌지역 마을만들기, 삶터로서의 농촌 만들기를 위해서는 하드웨어 건축 위주의 사업에서 인력 지원 중심의 사업으로 빠르게 전환되어야 한다. 마을사무장제도가 있지만, 단순히 행정리 단위 농촌체험마을 대상의 활동가 지원에 그쳤다.

지역의 문제와 지역의 미래는 외부 전문가가 해결해줄 수 없다. 다양한 마을공동체사업들이 외부 전문가, 기관들의 컨설팅으로 진행되고 있는데 실제 지역공동체를 성장시키는 데 큰 힘이 되지 않는다. 마을과 마을, 공동체와 공동체를 잇는 지역커뮤니티사업은 마을활동가의 역량에 달려 있다. 그래서 생활권 단위로 지역의 미래를 기획하고 지역의 자원을 잇고 연결하는 활동을 통해 구체적인 지역의제를 공동으로 해결해갈 수 있는 마을커뮤니티활동가 지원사업이 꼭 필요하다.

농촌 면 소재지 저이용·미이용 시설 활성화를 위한 민간위탁제도 적용

농촌지역 생활권마다 개별 공동체만이 아니라 지역 전체를 보고 커뮤니티사업을 진행하는 공동체 조직이 꼭 있어야 한다. 농촌에 다양한 행정사업이 진행되지만, 개별 공동체나 마을 단위가 대상이었다. 부족한 인적, 물적 역량과 개별 마을 사이의 경쟁, 공동체에 대한 이해 부족 등으로 인해 오히려 갈등을 빚는 경우가 많다. 농촌의 작은 마을공동체들이 건강하려면 생활권 단위(면 단위)로 마을공동체의 구심점 역할을 할 수 있는 커뮤니티 플랫폼이 구축되어야 한다.

농촌에는 농식품부 중심지활성화나 기초생활거점조성사업, 권역사업 등으로 생활권 단위에 지어진 커뮤니티공간이 많다. 그러나 건물

그림 5 | 면 소재지 정비사업으로 완공한 공간 '해유.'
공유재산관리법과 민간위탁 조례를 통해 민간법인에게 활동비와 운영비를 적절하게 제공해야 거점공간 활성화가 가능하다. 송악면도 비슷한 상황이다.

완공 후에는 지역주민 자립으로 운영해야 한다는 지침만 있고, 운영비 지원이 없다 보니 실제로 커뮤니티공간으로 활성화되지 못하는 경우가 많다. 지자체 행정은 이제 이런 커뮤니티공간에 대해 공유재산관리법의 관리위탁과 민간위탁 조례에 근거하여 '위탁금'을 지원할 수 있다. 생활권마다 지역협력네트워크의 플랫폼 공간을 구축하고 활성화시킬 수 있도록 위탁금에 지역활동가 인건비와 운영비, 프로그램 사업비 등을 포함하여 지원해야 한다. 현재 공유재산 법령에 따른 '행정재산 관리위탁', 행정안전부 고시 '지방자치단체 공유재산 운영기준', 2023년 9월 개정한 일반농산어촌개발사업 시행지침(시군이 시설물 운영 관리) 등에는 이런 근거들이 잘 정리되어 있다.

하지만 지자체 행정은 여전히 보조사업으로 단년도 지원 방식을 고수하고 있다. 이렇게 하면 인건비 지원이 가능하지 않고, 매년 1회성 지원에 그칠 수밖에 없다. 협약 기간도 제도적으로는 3년 이상 5년 이하로 체결할 수 있다. 이러한 제도적 장치들이 이미 있음에도 불구하

그림 6 | 2024년 법인 정기총회.
아이에서 어르신까지 모두가 행복한 송악마을을 꿈꾸며 행정과 민간단체들과 협력하고 있다.

고 단체장 교체나 리더십 변화에 따라 위탁 해지와 보조금 전면삭감 등 민간 주체의 자율성을 해치는 퇴행적 모습들이 곳곳에서 벌어지고 있다.

한국 사회 전체의 위기로 대두된 저출생과 고령화, 지역소멸 등은 농촌 사회에서는 이미 오래전부터 있어온 문제이다. 이런 위기는 앞으로 더욱 악화될 것이다. 농촌 주민들이 일터는 물론 배움과 돌봄, 문화 등 삶의 공간으로서 농촌공동체를 만들어가기 위해서는 마을자치와 사회적경제 활성화는 절대적으로 중요하다.

모든 마을은 세상에서 하나뿐인 마을이다. 세상을 바꾸는 힘은 작은 마을에서 시작된다. 우리나라 곳곳, 세상에서 하나뿐인 마을들이 서로 이어지고 연결되어 보다 따뜻하고 안전한 세상으로 나아가길 희망한다.

사회적협동조합 나리포,
전북 군산시 나포면

지역 현안을 해결할
공간, 주체, 일자리 만들기

마승철
나포면 기초생활거점육성사업
전 사무장

■ **먼저 본인 소개를 부탁합니다.**

안녕하십니까?

　농촌지역에 관심을 가지고 활동하시는 전국의 많은 분들께 인사드립니다. 저는 군산시 나포면의 농산어촌개발사업인 나포면 기초생활거점육성사업 추진위원회 사무장으로 2019년 6월부터 2023년 12월 31일까지 일한 마승철입니다. 저는 2010년에 귀촌했으며 나포면이 고향은 아닙니다. 농촌 활동을 할 때 고향일 때와 그렇지 않을 때 많은 차이가 있더군요.

■ **활동하시는 나포면에 대해 소개 부탁합니다.**

군산시는 농촌, 어촌, 2차 산업이 공존하는 도시입니다.

　나포면은 기존 옥구군에 속한 면이었으나 옥구군과 군산시가 통합하여 현재는 군산시에 속한 면입니다. 군산시는 대우자동차, 현대중공업조선소가 존재했던 대표적인 산업도시입니다. 그렇다 보니 행정의 관심은 산업단지에 대기업 유치, 새만금개발 등에 집중되어 있고 기존

그림 1 | 나리터센터와 금강변 십자평야.
농식품부 기초생활거점육성사업에 선정되어 거점공간으로 나리터센터를 완공했다. 1층은 주간보호센터로 운영할 예정이고, 2층은 커뮤니티센터 기능을 담당한다. 기본계획 단계에서는 주민건강관리실로 신청하여 인정받았다.

옥구군에 속한 농촌과 어촌에는 크게 관심을 두지 않는 편입니다.

또한 나포면은 군산 시내에서 자동차로 15~20분 정도의 거리여서 나포면 주민들은 생활에 필요한 많은 부분을 군산 시내에서 해결하고 있습니다. 그래서 면 중심지에는 슈퍼 1개, 식당 2개, 이발소 1개 정도를 제외한 대부분의 생활 편의시설이 존재하지 않습니다. 또한 인구도 2023년 12월 기준 2,200여 명 가운데 65세 이상이 1,000여 명(48%)이고, 면 소재지에 초등학교 1개와 중학교 1개가 있으나 학생 수 감소로 지속가능할지 걱정되는 상황입니다.

나포면은 군산시 주변부 면으로 독자적인 생활거점이 생성되기는 쉽지 않은 지역이고, 농업은 쌀농사 중심의 대농 편제가 된 상태이며 밭농사는 거의 존재하지 않아 귀농인보다는 귀촌인 유입 가능성이 있습니다.

■ **나포면은 '사회적협동조합 나리포'라는 법인을 설립했는데
법인은 왜, 언제, 어떻게 설립되었습니까?**

나포면 기초생활거점육성사업이 2019년 1월부터 2023년 12월까지 진행되었습니다. 이 사업으로 나리터센터라는 건축물이 지어졌는데, 센터 1층에서 노인주간보호시설을 운영하기로 했습니다. 노인주간보호시설을 운영할 법인이 필요했고, 그렇게 사회적협동조합 나리포가 2023년 1월 31일 설립되었습니다.

기초생활거점육성사업 가운데 역량강화 사업을 통해 저희는 사회적협동조합 설립을 목표로 삼았습니다. 사회적협동조합이 무엇인지부터 차근차근 교육을 진행했고, 협동조합 명칭부터 정관 등 소소한 것 하나하나 조합원이 함께 만들어가는 컨설팅 과정을 1년간 진행했습니다.

사회적협동조합이라는 법인이 법제화된 지 오래되지 않아 아직은

그림 2 ㅣ 나리터센터와 나포면 소재지 전경.
한가운데 건물이 나리터센터이고, 왼쪽의 2층 건물이 면사무소다. 보건소와 작은도서관도 인근에 있다. 면 소재지가 집단 이전하여 문화마을(전북 1호)로 새롭게 조성되었기에 격자형 구획으로 배치되어 일반 농촌과 다른 모습이다.

일반인에게 익숙하지 않고 행정에서도 이해도가 낮아 교육과 컨설팅을 좀 더 세밀하게 했습니다. 그렇게 했어도 아직 이해도가 낮은 것 같습니다.

■ 사회적협동조합 나리포의 설립은 어떤 그룹이 주도하였습니까?

나포면에 있는 나포초등학교, 나포중학교의 학생 수 감소가 심각한 상황이었습니다. 그러던 중 귀촌한 젊은 학부모 중심으로 2014년 3월부터 나포초, 나포중에서 학부모 활동을 시작하였습니다. 그들 중 일부가 지역 활동에 대한 필요성을 느끼고, 2014년 12월 행정자치부(현 행정안전부)의 희망마을만들기 사업을 진행하였습니다. 이 사업으로 방과후 마을학교, 정월대보름행사, 나포면 송년음악회 등을 하면서 자연스럽게 지역에 대한 고민을 가지고 있는 원주민분들과 결합하게 되었습니다. 지역을 변화시킬 마중물이 필요했고 그 방안으로 기초생활거점육성사업을 추진하였습니다. 그렇게 지역에 의지가 있고 여론을 움직일 수 있는 6~70대 원주민분들과 학부모 활동을 했던 실무력을 갖춘 40대 귀촌한 분들이 추진위원회를 구성해서 5년 동안 기초생활거점육성사업을 진행했고, 그 결과물로 사회적협동조합 나리포 법인을 설립하게 된 것입니다.

■ 사회적협동조합 나리포의 설립 과정과 배경 등에 대한 설명을 부탁합니다.

학부모 활동을 했던 몇몇 분들과 지역에 대한 고민을 가진 분들이 결합하면서 지역의 여러 현안이 논의되기 시작했습니다. 나포초등학교 같은 경우, 100여 명이던 학생 수가 6~7년 동안 30여 명으로 급속하게 감소했습니다. 또 고령화로 면 인구 절반 정도가 65세 이상 노인인데 건강, 주거, 음식, 교통 등 많은 부분 돌봄이 필요한 상황이었습니다. 겨울철 난방을 위해 연탄을 들여놓아 드리기도 하고, 전기 안전점검도 해드렸는데, 자원봉사만으로는 한계가 있었습니다. 안정적이고 지속가능한 돌봄이 필요했습니다. 그래서 조직을 만들어야 했고 한계가 있는 자원봉사가 아닌 직업으로 지역을 고민하는 일자리가 필요했습니다.

이런 현안을 풀어갈 시작점으로 나포면 기초생활거점육성사업을 신청했습니다. 먼저 어린이와 노인 돌봄을 위한 공간을 마련하고, 돌봄 운영 주체를 만들고, 또한 활동가들이 지속적으로 지역을 고민할 수 있는 일자리를 만들고자 했습니다. 그렇게 공간, 운영 주체, 일자리를 한 번에 풀어낼 수 있는 것이 주간보호시설이었습니다. 주간보호시설로 합의가 되면서 자연스럽게 운영할 법인이 필요했고, 공공사업으로 시작된 것이니 비영리 사회적협동조합으로 빨리 합의가 되었습니다.

■ **사회적협동조합 나리포와 지역사회와의 관계는 어떻습니까?**

나포면 기초생활거점육성사업 추진위원 17명 중에는 면장, 주민자치

그림 3 ㅣ 사회적협동조합 나리포 법인 설립 총회.
나포면의 당면과제인 노인복지 문제를 해결하기 위해 주간보호센터의 필요성을 농식품부 및 농어촌공사에 적극적으로 알렸고, 이를 운영할 민간 주체로 사회적협동조합을 설립했다.

위원장, 이장협의회장, 부녀회장, 체육회장, 생활개선회장 등 지역의 자생단체장들이 있었습니다. 그러나 사회적협동조합 설립 시 9명이 조합원으로 참여했고, 대부분의 자생단체 대표들은 빠졌습니다. 단체 대표들이 교체되기도 했고, 행정에서 단체 대표에게 참여를 독려하여 추진위원회에 참여하는 정도였기 때문입니다. 하지만 사회적협동조합은 기초생활거점육성사업이 끝난 이후를 고려한 조직이라 행정에서는 큰 관심을 두지 않는 상황이고, 그러다 보니 단체 대표의 참여율이 낮은 것입니다.

현재 나포면의 기존 사업은 모두 종료되었고 새로운 사업을 만들어가야 하는 상황입니다. 2023년 12월에 기초생활거점육성사업 추진위원회도 해체되었고, 주민자치위원회 구성도 새롭게 되어 관계 설정도 다시 해야 합니다. 나리터센터 개소 이후 지역의 단체 대표들이 사회적협동조합 나리포에 참여할 수 있는 새로운 구조를 만들 필요가 있기도 합니다. 단체 대표들이 조합원으로 참여하는 것을 부담스러워해서 향후 지역의 단체 대표 및 유지들이 참여할 수 있도록 사회적협동조합 나리포 조직에 자문위원회를 둘 생각입니다.

■ **법인의 경영 : 법인의 주된 수입은 무엇입니까?**

우리 법인의 주된 사업은 노인주간보호시설 운영인 만큼 주된 수입도 보건복지부에서 지급하는 급여비용입니다. 지역의 요양등급을 받은 어르신들을 돌보고 보건복지부에서 급여비용을 받아 사회복지사, 요양보호사를 고용해서 인건비 등을 지출하는 구조입니다. 노인주간보호시설 사업이 어르신 돌봄 – 일자리 창출 – 주민시설 운영 관리, 이렇게 삼박자가 맞는 사업으로 농촌에서는 유일하게 유효한 사업인 것 같습니다.

그림 4 ㅣ 지역역량강화 사업을 통해 법인 설립 과정 논의.

추진위원장은 면체육회 회장이 맡아 지역의 어른 역할을 해주었고, 추진위원 17명 중 9명이 법인 설립에 참여하였다. 지역역량강화 사업을 충분히 활용하여 학습과 토론 과정을 거쳤고, 앞으로 조합원을 더욱 확대할 예정이다.

■ 법인의 상근, 반상근, 자원봉사자 등은 어떻게 구성할 계획입니까?

우리 협동조합이 신생 법인이다 보니 아직 협동조합 법인 자체의 업무 전담 상근자를 두기는 재정적으로도 어렵고, 조합원들도 상근자의 필요성에 크게 동의하지 않는 상태입니다. 노인주간보호시설 근무자는 업무가 명확하고 수입이 있는 업무이니 동의가 되지만 지역을 고민하고 전략을 마련하면서 협동조합 업무를 하는 인력에 대해서는 동의가 되지 않는 거지요. 또한 지역 여론도 마찬가지입니다. 현재로선 노인주간보호시설 센터장이 협동조합 업무도 일정 부분 처리해야 할 것 같습니다. 그래서 센터장을 사회적협동조합 나리포의 철학에 동의하는 분으로 모셨습니다.

■ 사회적협동조합 나리포의 중장기 계획, 비전이 있으면 말씀해주십시오.

사회적협동조합 나리포가 지역에서 해야 할 일은 명확한 듯합니다. 어느 농촌이나 마찬가지겠지만 나포면도 고령층의 생활 전반을 아우르는 돌봄이 필요한 상황입니다. 해서 법인은 노인주간보호시설로 시작해서 마을관리소, 마을빨래방 등 노인복지 시스템을 구축하는 것이 계획입니다.

하지만 현재로선 주간보호시설 운영을 안정화하는 것이 우선 목표입니다. 2~3년 동안 주간보호시설을 안정화하면서 향후 법인의 인적 구성, 사업 방향 등을 결정해야 할 것으로 보입니다. 현재 협동조합의 조합원 구성으로 보면 생산자협동조합도 아니고, 소비자협동조합도 아닙니다. 조합원 중 노인주간보호시설에서 근무할 분은 거의 없는 상태입니다. 현재 조합원들은 지역 발전에 기여하고자 하는 분들입니다. 지금으로선 노인주간보호시설 운영법인에 머무를지 지역의 커뮤니티 케어 조직으로 성장할 수 있을지는 좀 더 많은 논의와 실험이 필요할 것으로 보입니다.

■ 사회적협동조합 나리포의 당면과제나 애로사항은 무엇입니까?

건축물 사용 승인 이후 운영 관리를 해야 하고 주간보호시설도 개소해야 하는데 재정이 부족합니다. 건축물 완공은 되었으나 내부시설, 비품 등이 갖춰지지 않은 상태입니다. 기초생활거점육성사업의 사업비로는 비품 등을 구입할 수 없다는 것이 행정의 설명이고 사업비도 바닥난 상태입니다. 건축물과 주간보호시설 내부 집기, 비품 비용과 6개월 정도의 운영비를 계산하면 약 1억 원 정도를 준비해야 하는데 쉽지 않은 상황입니다.

개인의 수익사업이라면 수익을 바라고 투자하겠지만, 이 사업은 투자금을 회수할 수 없는 비영리사업으로 조합원이 투자할 수도 없고, 행정은 주민들이 해결하라고 하니 사실 답답합니다. 현재 협동조합에는 주민들이 십시일반으로 모은 3,000여만 원과 조합원 출자금 1,000여만 원을 더해 4,000여만 원이 있으니 나머지 돈은 우리가 만들어야겠지요. 현재 논의하고 있는 해결책은 도비 등 행정 지원을 받을 방법과 준공식 전후로 후원금을 모으는 방법 등 여러 각도로 논의 중입니다.

■ 법인 운영에서 가장 큰 애로사항은 무엇입니까?

어디나 그렇듯이 사람 아닐까요?

기초생활거점육성사업이 종료되면서 법인은 만들었지만, 법인이 지역에서 해야 할 역할을 책임감 있게 고민하는 사람은 쉽게 만들어지지 않는 것 같습니다. 또한 젊었을 때부터 사회운동으로 훈련된 활동가가 있어도 작은 공동체에서 의심의 눈초리와 부정적 여론을 이겨내고 활동할 수 있는 '멘탈' 강한 활동가는 드물더라고요. 우리 나포면도 젊었을 때부터 사회운동을 했던 친구들이 몇몇 있지만 우리 협동조합에 참여하는 것은 부담스러워하고 있습니다.

나포면도 1990년대 이후 2번 정도 지역 활동을 했던 그룹이 있었는데, 지역의 폐쇄성과 부정적 여론 등으로 활동가들이 마을을 떠난 것으로 알고 있습니다. 이번 활동이 지역에 뿌리를 내리고 지속가능하려면 지역 분들에게 항상 겸손한 자세를 유지하되 부정적 여론은 일정 부분 있을 수밖에 없다고 인정하고 사업을 진행해야 하지 않을까 싶습니다.

■ 마지막으로 전국 유사한 법인들이 모여 공통으로 정책 제안을 한다면 어떤 것이 있을까요?

제가 일반농산어촌개발사업의 사무장을 담당해보니 이게 딱 망하는 구조로 되어 있는 것 같습니다. 예산은 지역에 따라 40~80억 원이 투입되고, 지자체-농어촌공사-컨설팅업체-지역주민 이렇게 4자가 관계하는데, 그중 어디도 책임지는 단위가 없습니다. 지자체는 건축물만 자기들 소유이고 운영 관리에는 별 관심이 없습니다. 농어촌공사와 컨설팅업체는 사업을 위탁받은 것이니 사업이 끝나면 손을 떼고 떠나버립니다. 지역주민은 행정에서 운영하면 혜택을 받으려고 하는데 운영 관리를 책임지라고 하니 난감한 입장이지요. 현실적으로 농촌에서 농사짓던 분들에게 몇 년 교육하고 운영 주체를 꾸려서 적자 나지 않게 운영하라고 하는 것이 가능하지 않은 것 같습니다.

제가 알기로는 전국에 일반농산어촌개발사업으로 지어진 건축물 대부분이 폐쇄 상태인 것으로 압니다. 건축물이 지자체 소유이고 사업도 지자체 사업이면 운영 관리를 주민이 만든 법인에 위탁할 때 위탁비가 있어야 하지 않을까 싶습니다.

함께마을교육 사회적협동조합, 전남 곡성군 죽곡면

교육의 문제가 지역의 문제, 교육자치와 주민자치의 협력네트워크

박진숙
함께마을교육
사회적협동조합 대표

함께마을교육 사회적협동조합의 모태는 죽곡농민열린도서관

죽곡농민열린도서관은 2004년 죽곡농민회 부설 독서실 형태로 시작되었다. 그리고 '작은 학교 살리기' 운동으로 죽곡초등학교를 폐교 위기에서 지켜낸 활동 근거지이기도 하다. 당시 교육부의 대대적인 농어촌학교 통폐합 정책에 맞서 지역주민들이 밤낮으로 도서관에 모여 대책회의를 했다고 한다. 이런 운동은 작은도서관 운동으로 다시 연결되어 2007년부터 공부방을 열고 지역 문화의 중심축으로 자리하려 노력하였다. 그럼에도 2010년 무렵엔 농민회원 몇 명만이 참여하는 그야말로 '작은' 도서관으로 쪼그라들었다.

2013년 죽곡초 학부모와 귀농인이 중심이 되어 죽곡농민열린도서관 살리기 태스크포스팀TF을 꾸렸다. 학부모위원을 관장으로 위촉하고, 조직 형태도 농민회 부설 조직에서 청년회와 노인회, 이장단, 부녀회 등의 자조모임과 학부모회 구성원이 운영위원으로 참여하는 도서관으로 변모하였다. 또 소모임을 여럿 꾸려 지역의 사랑방 역할을 할

그림 1 | 죽곡농민열린도서관.
2004년 죽곡농민회 부설 공부방으로 출발하여 지금은 죽곡면의 다양한 자치활동의 거점공간이 되었다.

수 있게 하였다.

 그렇게 대안화폐 모임인 '우리품앗이' 모임이 귀농인 중심으로 꾸려졌다. 학부모 독서모임인 '책담'은 '책 읽어주는 엄마' 활동을 시작하면서 학교와 적극적으로 연결되었다. 매주 모이는 한소리풍물패, 태극권 등의 소모임도 활성화되었고, 매년 여섯 차례 진행하는 농민인문학도 해를 더할수록 깊이를 더해갔다. 이를 눈여겨보던 도교육청 장학사의 제안으로 2015년부터 전남도교육청 지정 마을학교가 되어 '함께마을학교'를 개교하여 학교와 마을공동체를 연결하는 중매쟁이 역할을 본격적으로 시작하였다.

풀뿌리 교육자치가 이루어지는 마을교육공동체를 꿈꾸다

때마침 전국 곳곳에서 진보교육감이 당선되면서 공교육 정상화 전략이라는 정책 목표의 하나로 혁신학교 운동이 시작되었다. 이 운동은 혁신교육지구 사업을 거쳐 마을교육공동체 운동으로 확장되었다. 지역 공교육에 혁신교육을 일반화하고 지역교육공동체를 만드는 것이 목표였던 혁신교육지구 사업은 자연스럽게 마을교육공동체 정책으로 이어졌다. 당연히 마을교육공동체 운동은 지역학교와 마을이 서로 협력하는 형태로 실천되길 요구받았다. 사실 마을학교는 학교에도 마을에도 생소했지만, 죽곡면에서 이 둘은 열심히 만났다.

그러나 학교교육의 한계를 넘어 학생의 삶을 중심으로 학습공간을 넓혀가고자 하는 바람은 마을을 소비하는 형태로 진행되기 일쑤였다. 마을의 교육력을 높여서 마을교육 생태계를 구축하는 방향에 대해 학교는 동의하기 어려워했다. 단적으로 교육청은 마을학교 예산을 학생이 아닌 마을주민에게 쓰는 것에 의구심을 드러내곤 했다. 마을학교 교사이자 마을활동가인 우리는 교육을 매개로 마을을 활성화하는 방향으로 마을교육자치에 집중할 수밖에 없었다.

학교를 넘어 교육의 문제를 우리의 지역문제로 받아들이고, 이를 해결하기 위한 통합적인 마을공동체 운동으로 성장시키려면 마을교육자치를 목표로 해야 한다. 이를 위해 지자체와의 협력이 필요함을 느꼈고, 2017년에는 죽곡농민열린도서관이 주도하여 전라남도 마을공동체 지원사업에 '돌멩이와 풀뿌리학교'라는 명칭으로 참여하였다. 당시 전라남도 마을공동체 사업은 마을환경 정비 등을 통한 마을만들기 사업이 대부분이었고, 마을교육자치회를 목표로 한 신청 단체는 우리가 유일했다. 교육을 매개로 공동체를 형성하여 마을교육자치회를 구성하고, 더 나아가 죽곡면 주민자치회를 구축하겠다는 큰 포부를 가지고 참여한 사업은 심사 과정에서 큰 관심을 받았다. 이 사업을 통해 죽곡면을 넘어 곡성군 11개 면에 마을교육자치회를 구축하기 위한 협력을 이어나갔다.

곡성군 마을활동가들이 모여서 곡성군 마을공동체 네트워크를 꾸리고, 마을공동체와 마을교육공동체의 통합적 지원체계를 구축하기 위해 여러 차례 포럼도 진행하였다. 이에 발맞춰 곡성군과 교육청이 협력하여 미래교육재단을 설립하고 관-관 협력을 통한 마을교육공동체 통합지원체계도 갖추었다. 한편 죽곡면에서는 마을교육자치를 실현하기 위해 2017년 주민자치회 연구모임을 꾸리고, 또 2018년 3월 행안부 주민자치 시범실시 공모사업에 신청하여 선정되었다.

주민자치와 마을교육자치의 교류·협력을 위한 큰 우산, 함께마을교육 사회적협동조합

당시 곡성군에는 곡성읍과 옥과면, 석곡면의 세 곳만 주민자치위원회가 구성되어 있었다. 또 곡성군은 효율적인 지역사회서비스를 제공한다는 이유로 서너 개의 인접 면을 묶어 곡성읍권, 옥과권역, 석곡권역으로 각종 생활인프라 사업을 진행하곤 하였다. 그 결과 11개 읍면으로 고르게 제공되어야 할 생활서비스가 세 개 권역 중심으로 흡수 통합되는 결과로 이어졌다. 11개 읍면 사이에서 생활서비스 공급의 과소와 과밀이라는 편차가 커지고, 과소 면들은 소외 현상이 더욱 심화되었다. 이처럼 곡성군은 읍면 생활권 단위의 각종 사업을 승인하는 형식적인 자치활동마저 제한적으로 허용하고 있었다. 그러다 보니 주민자치회란 단어 자체부터 행정도 주민도 낯설었다. 하물며 곡성군의 가장 변방인 죽곡면은 말할 필요도 없었다.

그래서 죽곡면주민자치회 연구모임은 커다란 종이에 매직펜을 활용한 주민교육 차트를 만들어 죽곡면 28개 마을을 돌면서 설명하고 주민 참여를 독려했다. 그리고 나서 2018년 6월에 주민자치회를 발족하기 위한 준비위원회인 죽곡면행복나눔위원회를 구성했다. 위원은 공개모집으로 이루어졌고 초등학생부터 84세 어르신까지 참여했다. 남녀 비율을 고려하고 사회적 약자를 배려하여 총 48명이 준비위원으로 선정되었다. 준비위원회는 주민자치회 운영을 위한 조례 제정 태스크포스TF팀을 꾸려 행정 발의로 조례를 제정하였고, 시범사업 예산으로 8개의 주민자치 프로그램을 기획 운영했다. 또 주민 활성화 공간을 마련하기 위해 여섯 차례의 주민워크숍을 열어 지역주민들의 의견을 수렴했다. 그리고 토란도란마을축제 축제기획단을 꾸려 주민들이 기획하고 운영하는 진정한 마을축제로 만들어냈다. 준비위원회가 이토록 활기차게 활동할 수 있었던 동력은 죽곡농민열린도서관을 기반으로 활동한 마을학교 활동가와 마을공동체 활동가, 그리고 죽곡초등학교의 적극적 참여가 있었기에 가능했다.

이런 노력이 합쳐져 2019년 9월에 드디어 주민 주도의 죽곡면주민자치회가 출범했다. 같은 해 12월에는 자치계획단을 구성하여 지역조사와 주민의견 수렴 등의 절차를 거쳐 2020년 2월 20개의 지역의제를 발굴했다. 의제에 맞게 5개 분과위원회를 구성했고, 8월에는 주민총회를 거쳐 4개의 핵심 의제를 채택하는 자치계획을 세웠다. 자치계획 실현을 위한 예산은 주민참여예산제를 통해 확보할 수 있었고, 2020년부터 죽곡마을119와 토란도란마을축제, 찾아가는 주민자치 프로그램, 문화유산 탐사대 등의 활동을 본격적으로 진행했다.

주민자치회 활동과 더불어 마을활동가들은 읍면 단위의 교육거버넌스 조직인 마을교육자치회 구성을 위한 준비 활동에도 힘을 쏟았다. 마을교육자치회를 구성하고 지원하기 위해서는 별도 조직이 필요하다는 논의가 제기되면서 공공성을 가진 시민적 결사체로 사회적협동조합의 설립을 시급히 검토하게 되었다. 이에 마을학교 교사와 마을공동체 활동가, 주민자치프로그램 교사 등이 중심이 되어 2020년 11월 8일 '함께마을교육 사회적협동조합'(이하 '우리 법인'이라 한다)을 교육부 인가를 받아 설립했다.

우리 법인은 교육을 매개로 지역이 상생하는 마을교육공동체를 구현하는 것을 설립 목적으로 내세웠다. 26명으로 구성된 조합원은 마을학교와 주민자치회의 분과 활동에 적극적으로 참여하면서 학교와 지역의 여러 자조모임과 행정을 지원하는 데에도 몸을 아끼지 않았다. 마을교육협의회를 구성하여 분기별로 대표자협의회를 열고 매월 실무협의회가 있어 어린이날·어버이날 행사, 마을운동회, 토란도란마을축제, 농촌유학, 마을교과서 등의 사안들을 협의해오고 있다.

교육기관이라고는 전교생 31명인 초등학교가 전부이고, 인구 1,800명에 초고령화 지역인 죽곡면에서 마을학교와 마을공동체 사업, 주민자치회가 활발히 협력할 수 있었던 이유는 우리 법인의 연결 역할이 있었기에 가능했다고 자부한다. 이렇게 지역교육 네트워크 연결망을 구축한 죽곡면 마을교육협의회는 이제 지역축제 기획 운영이나 지역 현안을 함께 공유하는 역할에서 더 나아가 죽곡마을교육자치회로 발전해가고 있다. 죽곡마을교육자치회는 죽곡면주민자치회와 죽곡초등학교, 지역아동센터, 죽곡면사무소, 그리고 우리

그림 2 | 함께마을교육 사회적협동조합 총회. 마을교육자치회와 주민자치회의 실행 기능을 담당할 법인이 필요하여 2020년 11월 8일에 창립하였다.

법인이 함께하는 협의조직이자 교육과 문화, 돌봄의 융합프로젝트 기구에 해당한다.

사회적농업과 돌봄복지 영역으로 확장하는 함께마을교육 사회적협동조합 활동

2022년 3월 우리 법인은 농식품부 '지역서비스공동체' 공모사업에 선정되었다. 이를 계기로 마을교육자치에서 돌봄복지 영역으로 활동이 더욱 확장되고, 지역협력네트워크의 큰 우산 역할을 담당하게 되었다. 우리 법인이 운영하는 '지역서비스공동체' 사업의 세부 내용은 사회적농업을 기반으로 여러 프로그램이 유기적으로 결합되어 있다. 예를 들어 다함께공유농장, 죽곡초·한울고 생태텃밭정원, 농부장터, 공유냉장고, 공유미싱, 죽죽빵빵마을빵집, 마을공동체밥상, 언젠간마을밴드, 찾아가는마을음악회, 마을목공, 사부작사부작걷는독서, 어르신사진교실 등이다. 몇 가지 중요한 활동을 간략하게 소개하겠다.

그림 3 | 다함께공유농장과 교육농 교사양성과정 모습.
농식품부 '지역서비스공동체' 사업을 활용하여 사회적농업과 돌봄복지 영역으로 활동이 크게 확장되고 있다. 이를 계기로 지역사회와 협력관계가 더욱 넓어지고 강화되고 있다.

먼저 삼태마을에 있는 '다함께공유농장'은 삼태마을공동체와 은퇴자 마을인 강빛마을을 연계하여 운영된다. 강빛마을의 대표적 프로젝트인 '강빛 세 달 살기' 프로그램 중에서 농사체험과 퍼머컬쳐 수업을 다함께공유농장에서 진행한다. 이 수업에 삼태마을 주민들은 예비 귀농인들을 교육하는 마을교사로 참여하고, 공유농장에서 나온 농산물을 삼태마을 공동체밥상에 기부하기도 한다. 또 다함께공유농장은 곡성중학교 자유학년제 수업장으로도 사용되고, 생태텃밭정원 수업의 교사 교육장으로도 이용된다.

'마을공동체밥상'은 죽곡면의 지역사회보장협의체와 이장단협의회, 새마을지도자회, 새마을부녀회, 주민자치회, 그리고 지역 식당들과 함께 공동으로 진행하고, 가장 많은 인원이 참여하는 프로그램이다. 우리 법인이 총괄 업무를 맡고, 행정은 대상자 관리를 지원하며, 지역의 유관 단체들이 함께 참여하는 형태다. 밥상은 매회 20여 명의 봉사자가 참여하여 주 1회 국과 반찬 등을 만들어 함께 점심을 먹고, 또 먹거리 취약계층에 반찬나눔 봉사도 한다. 이와 연결하여 죽곡면 주민자치회는 죽곡마을119와 연계하여 반찬나눔과 소규모 생활가전 수리 서비스를 진행하고, 지역사회보장협의체도 복지기동대 반찬나눔으로 참여한다. 지역 식당들도 분기별 1회 정도 국·반찬나눔에 참여하는데, 2024년 2월 현재 6개 식당이 죽곡면 착한식당으로 등록되어 참여한다.

'죽죽빵빵마을빵집'은 죽곡면이 주산지인 토란과 다함께공유농장에서 재배한 방풍나물을 활용하여 로컬 빵을 만들고 지역사회 나눔과 자체 수익 확보가 주된 목적이다. 죽곡면 지역사회보장협의체와 주민자치회 죽곡마을119와 연계하여 진행하는 반찬나눔에 빵을 포함하여 나눔하고, 마을학교 '달려라 손큰 부엌'팀과 연계하여 마을공동체 행사에 빵 지원 봉사를 한다. 초기에는 한울고등학교 해봄센터의 제빵실을 활용하여 빵을 만들다가 독자적으로 기금을 만들어 중고 제빵기계를 구입했고 별도 공간도 확보하였다. 처음에 기계를 구입하여 함께 쓸 공간을 물색하다가 권역사업으로 지어져 10년째 비어 있던 건물을 임대하게 되었고, 이제는 공유빵카페로 운영한다. 여덟 명의 조합원들은 1년쯤 운영해보고 각자 사회적기업을 설립하여 자립하는 방향을 지향하고 있다. 그렇게 되면 하나의 협동조합에서 여러 사회적기업이 인큐베이팅되어 새로운 모델이 되는 셈이다.

'농부장터'는 사회적기업인 꽃두레협동조합과 죽곡면 농부들, 예술가들이 협력하여 꾸려낸다. '마을목공소'는 오감만족체험관의 목수 조합원들과 귀농인들이 연계하여 진행하고, 공유농막 짓기와 마을벤치 만들기 등 찾아가는 프로그램 방식이다. 그리고 '마을밴드팀'은 매주 금요일 도서관에서 연습모임을 하며 격월로 찾아가는 마을음악회를 진행하고 있다. '마을음악회'는 주민자치회 문화분과와 죽곡초 댄스동아리, 마을공동체 활동인 대황강 아지매 라인댄스팀, 강빛중창단, 칼림바, 지역아동센터 장구난타팀 등이 협력하는 문화행사로 제법 규모도 있고 주민들 호응도 좋다.

이처럼 '지역서비스공동체' 사업은 어떻게 보면 굉장히 규모가 크고 영역이 넓은 사업이다. 겁 없이 계획한 데는 그간의 협력시스템이 있기에 가능했다. 매주 1회 조합원이기도 한 죽곡함께마을학교 운영진과 곡성군마을공동체 사업 및 주민자치회 사업 실무자들이 정기적으로 죽곡농민열린도서관에서 만나 서로 연계협력하며 사업을 기획하고 진행한다. 이들 세 사람의 실무자들은 '지역서비스공동체' 사업의 코디로 활동하며 반상근 활동비를 받는데 이들이 상시로 죽곡면 지역사회를 연결하고, 각 프로젝트를 지원함으로써 네트워크가 탄탄해지는 효과가 있고, 또 다른 지역활동가의 양성에도 큰 성과가 있다.

그동안 이렇다 할 활동비 없이 어렵게 지역 활동을 이어오던 이들에게 코디네이터 인건비는 액수가 작아도 최소한의 활동 기반이 된다. 그리고 열정적인 세 코디의 활동이 지역에 활력을 불어넣고 예비활동가를 양성하면서 지속가능한 지역공동체를 형성하는 데 좋은 마중물이 되고 있다. 15명으로 출범한 우리 법인 조합원 수는 3년 만에 26명으로 늘어나고 예비조합원으로 4명이 승인을 기다리고 있으니 이런 평가는 과장이 아닐 게다.

죽곡면 함께마을학교 수업이 곡성군 전체의 지역 연계 교육과정으로 성장하다

아이들의 삶을 위한 마을교육은 어떤 방식이 되어야 할까? 마을학교 선생님과 학교 선생님이 정규 수업시간에 어떻게 협력하며 진행해야 할까? 교육과정 자체는 어떤 내용으로 꾸려가야 할까? 수업시수는 어떻게 확보할까? 우리는 어떤 가치를 기준으로 합의를 해야 할까? 마을교육공동체 활동은 개별 마을공동체에 어떤 선한 영향을 주어야 할까? 죽곡농민열린도서관은 이처럼 꼬리에 꼬리를 무는 질문을 던지면서 2017년부터 함께마을학교를 꾸리기 시작하였다. 이런 질문 속에서 아이들에게는 마을의 어른들이 그 어떤 일보다 소중한 일을 이어가는 농부들이자 마을 선생님이라는 든든한 믿음을 갖게 되었다. 그리고 마을의 어른들도 소멸 위기의 작은 마을이지만 우리 아이들이 어른들의 따뜻한 관심과 지원 속에서 건강하게 성장하도록 돕는다고 자부하게 되었다.

2019년부터 함께마을학교는 죽곡초와 한울고에서 마을교사와 학교교사의 협력수업인 학교생태텃밭정원 수업을 진행했다. 이 수업은 능력주의 교육의 틀을 부수고, 농촌 공동체성 회복을 통한 마을교육 생태계를 만들어내고자 기획하였다. 내용은 토종종자를 활용한 퍼머컬쳐 농법으로 사계절 농사를 짓고, 수확한 농산물로 요리를 해서 나눔하며, 기후위기 시대 생태전환의 삶을 살아보자는 것으로 구성되었다. 우리는 이 수업을 통해 농農의 다양한 가치를 농촌 아이들과 함께 조금이라도 되살리고 싶었고, 경쟁교육의 틀 안에서 마음이 아픈 아이들에게 자연순환의 틀 안에서 쉼을 찾는 시간도 주고 싶었다. 그리고 학교 선생님들에게는 마을이 그저 보조자가 아닌 교육의 든든한 협력자로 아이들과 만나고 있다는 확신을 주고 싶었다.

결과적으로 아이들과 학교 교사의 수업 만족도는 높았고, 관내 다른 학교에서도 수업 요청이 들어오기 시작했다. 수업의 확산을 꾀하고자 2021년에는 죽곡초와 한울고, 삼기초에서 학교 수업을 담당하던 마을 활동가들과 교사, 장학사가 함께 모여 '학교생태텃밭정원교육과정연구회'(이하 '연구회'라 칭한다)를 설립했다. 이 시기에 함께마을학교에서 법인으로 발전한 우리 법인은 연구회 설립에도 큰 힘이 되었는데, 특히 조합원 5명이 교육농으로 결합하여 '연구회'의 주축이 되었다. 두 조직은 곡성군미래교육재단의 예산으로 교사양성과정을 꾸려 학교생태텃밭정원 교육농에서 23명의 교사를 배출했다.

2022년부터는 곡성군 15곳의 유·초·중·고등학교에 정규수업을 개설하여 곡성지역과 연계하는 대표적인 교육과정으로 자리매김하게 되었다. 2023년에는 연구회가 '곡성군생태전환교육연구회'로 명칭을 전환하고 활동 영역도 확장하면서 학교생태텃밭정원 수업의 교과서를 개발하여 출판했다. 그리고 올해 2024년부터는 곡성군 유·초·중·고등학교 생태텃밭 수업을 연구회가 직접 사업으로 진행하기로 했다. 때마침 연구회가 전라남도 '신중년 희망 일자리장려금 지원사업'으로 4명의 일자리를 지원받게 되어 주강사 4명이 안정적으로 활동할 수 있게 되었고, 적은 예산으로도 사업수행이 가능해졌다.

우리 법인 차원에서는 이 수업이 곡성군뿐만 아니라 전남의 다른 지자체로 확산되도록 담양, 순천, 장흥, 장성의 활동가들과도 교류하고 있다. 2023년에는 한살림연합회와 협력하여 이들 지역을 대상으로 농사 수업 참여자 설문조사를 하였고, 이를 기반으로 2024년 상반기에는 전남도교육청 및 전남도 친환경농업정책팀과 협력하여 토론회도 마련해볼 계획이다. 전남 곡성에서 시작한 생태전환교육이 우리 교육의 중요한 교육과정으로 자리잡아 '기후위기 시대, 삶의 전환'을 위한 큰 축이 되길 기대한다.

죽곡면 마을학교 수업이 확장되어 섬진강마을영화제를 개최하다

함께마을학교는 죽곡초의 학교 밖 방과후수업의 일환으로 생태영상과 마을놀이터, 그릇살림배움터 등의 수업을 매년 진행한다. 각 수업마다 예닐곱 명의 아이들이 죽곡농민열린도서관이나 인근 숲 또는 섬진강가에서 즐거운 배움을 만들어간다. 이 중에서 생태영상 수업은 아이들이 자연 속의 뭇 생명이나 친구들과의 일상을 사진이나 영상으로 담아 작품으로 만드는 활동이다. 이 수업을 이끌어가는 마을활동가는 우리 법인의 조합원이자 다큐멘터리 감독이기도 하다. 생태와 환경, 기후위기 등에 관심이 많고, 이와 연관성이 깊은 2020년 섬진강 수해를 주제로 영화도 만들고 있다.

2022년 5월에는 곡성교육희망연대와 생태책방 '들녘의 마음'을 이끄는 김탁환 작가와 함께 농업회사법인 미실란, 그리고 우리 법인이 모여 다큐멘터리 영화 〈월성〉의 공동체 상영회를 진행했다. 이를 계기로 마을영화제를 꾸려보자는 결의를 모았다. 이 시대 우리가 지켜야 할 마을공동체와 생태·환경의 가치를 영화로 전하자는 취지였다. 우리가 기획한 섬진강마을영화제는 매달 1회씩 진행하는 공동체 상영과 2박 3일간 진행되는 다큐영화제로 구성되었다. 우리 법인은 섬진강마을영화제를 협력사업으로 결의하고 이사장은 공동운영위원장으로, 조합원인 다큐멘터리 감독은 프로그램팀장으로, 그리고 조합원들은 각 영역의 스텝으로 참여를 결정하였다.

2022년 10월에 첫 개막한 섬진강마을영화제는 추진단의 회비와 곡성군의 보조사업비, 그리고 서울 연희동에 있는 기지재단(현재의 박서보재단, https://parkseobofoundation.org/)의 지원비 등을 받아 운영되었다. 이 영화제에는 곡성군민뿐만 아니라 전국 각지에서 1천 명이 넘는 관객이 몰려들어 성황리에 진행되었다.

2023년의 제2회 영화제에서는 9월 1일부터 3일까지 여섯 편의 독립영화를 상영했고, 부대행사로 다양한 프로그램도 병행되었다. 2024년

그림 4 | 전국적인 관심을 불러모은 섬진강마을영화제.

우리 법인이 운영위원으로 적극 참여하고, "기후위기, 지역소멸 같은 슬프고 고통스러운 일들을 극복해나가는 지속가능한 미래의 이야기를 담고자" 노력하고 있다. 2024년에는 섬진강과 지리산을 끼고 있는 인근 지역들과 함께 하는 환경연대영화제로 발전시킬 구상이다.

3회를 맞이하는 섬진강마을영화제는 이제 곡성군에 그치지 않고 섬진강과 지리산을 이웃한 경남의 산청, 하동과 전북의 순창, 전남의 구례, 광양까지 아우르며 여러 지역이 함께 하는 환경연대영화제로 발전할 계획이다.

비영리 법인으로서 함께마을교육 사회적협동조합의 비전과 당면과제

곡성군 죽곡면에서는 작은도서관 활동이 마을학교로 이어졌고, 혁신학교 운동과 평생교육의 영역까지 확장되었다. 이는 돌봄과 교육의 마을생태계를 이어가기 위한 마을공동체 활동으로 뻗어나가고, 이런 노력이 지역사회로 더 확장하여 주민자치회까지 출범시켰다. 이런 과정에서 우리 법인도 설립되었고, 마을교육자치회 활동으로 전개되고 있다. 이런 순간마다 함께한 분들이 바로 우리 법인의 조합원들이다. 우리 법인이 협력하여 추진하는 활동은 마을학교 사업, 죽곡농민열린도서관 운영, 주민자치회 연계사업, 사회적농업 지역서비스공동체 프로그램, 지역 연계 교육과정 협력, 섬진강마을영화제 진행 등 아주 다양하고, 앞으로 어디로 더 확장될지 모를 정도로 영역이 넓다.

우리의 활동들은 이미 그 자체가 약자로 전락한 농촌에서 각자도생 各自圖生의 길이 아닌 서로 돌보는 돌봄공동체의 길을 찾는 과정이기도 하다. 이 길은 이제 점點으로만 연결하기엔 너무 힘하고 어렵다. 더 적극적인 네트워크를 통해 선線과 선을 연결하며 면面으로 더 확장해야 한다. 지역거버넌스가 작동해야만 통합적인 지역 살리기가 가능하다. 지역의 문제를 공론화 과정으로 찾아내고 그 해결을 위한 과정도 민주적 절차를 통해 진행해야 한다. 그러려면 주민이 예산의 수립과 집행에 참여할 수 있는 권한까지 가져야 진정한 지역거버넌스라 할 수 있다. 이 과정을 지원하고 협의하는 주체로 우리 법인 같은 지역의 핵심 조직이 더 성장하면 면 단위 주민자치가 성숙하는 것도 시간문제일 것이다.

현재 한국의 주민자치회는 태생적 한계로 인해 권한도 역할도 많이 미흡하다. 특히 농촌 면 단위 주민자치회는 역사적 경험도 아주 일천하다. 지역거버넌스를 꾸리는 데 주민자치회의 한계는 분명하게 보인다. 그래서 공공성을 담보한 비영리 법인이 농촌 읍면의 핵심 주체로서 지역 네트워크의 큰 우산이 되어준다면 주민 참여와 거버넌스의 길은 조금 더 넓어질 것이다. 그러려면 비영리 법인이 지역 안에서 신뢰를 구축하면서 더불어 오래 버텨낼 힘이 있어야 한다.

이런 법인이 지역사회에서 핵심 조직으로 자리잡으려면 예산의 자립, 인적 자원의 자립이 매우 중요할 수밖에 없다. 우리 법인도 이런 당면과제가 모두 해결된 것은 아니다. 지금까지 수행한 거의 모든 사업은 국가나 지자체 및 교육청의 공모사업이거나 용역사업이었다. 이렇게 운영되다 보니 정권과 단체장의 변화에 따라 사업의 연속성 없이 축소되거나 단절되는 경우가 많다. 인적 자원의 자립 또한 녹록치 않다. 낮은 보상을 감내하면서 지역 활동을 이어갈 젊은 활동가들을 찾아보기 어렵다.

이러한 제한적 환경에서도 우리 법인은 사회적 돌봄의 가치를 가지고 지역사회와 행정 사이에서 지속적인 매개 역할을 담당해왔고, 그 결과로 지역사회의 중심 역할로 자주 소환되곤 한다. 협동조합은 지역(주민)의 필요에 부응하여 지역에서 시작하고 지역으로 연대해나가야 성장한다. 무한경쟁의 시대에 돈으로 교환되지 않는 것에 대해서도 소중한 가치를 지켜가고 싶은 사람들, 누구나 배우고 성장하는 공유공간을 꾸려내고 싶은 사람들, 모든 사람이 인간으로서 존중받고 돌봄받아야 한다는 함께돌봄의 가치를 만들어가는 사람들, 이런 사람들이 협동조합으로 연결되어 에너지 자립마을, 돌봄마을, 생태전환마을의 분야에서 지치지 않고 자신의 삶과 활동을 이어갈 수 있도록 응원하고 손잡아주는 게 우리 법인이 앞으로도 지켜가야 할 역할이라고 본다.

사단법인 한생명,
전북 남원시 산내면

조화로운 삶, 생명을 살리는 농업,
더불어 사는 지역공동체

윤용병
(사)한생명 이사장
산내면 생명평화마을만들기
추진위원회 공동대표

지역 여건과 법인 설립 배경

1990년 한국불교가 직면한 어려운 상황을 극복하고 새로운 희망을 가꾸어내기 위해 "올바른 승가상 확립과 승풍 진작"을 목표로 개혁승가 결사체인 선우도량善友道場이 출범했다. 선우도량은 〈선우논강〉이라는 수련결사를 통해 승가교육, 선원의 위상과 수행, 종헌·종법, 바람직한 승가상, 현대사회에서 불교의 사회적 역할 등 다양한 주제로 길찾기를 모색했다. 그런 과정에서 실상사가 선우도량의 근본 도량이 되었다.

선우도량 수련결사로 실상사의 활동이 마을공동체와 함께 이루어지게 된 계기는 귀농운동과의 만남이었다. 1997년에 "현대문명에 대한 불교의 응답은 무엇인가"란 문제의식으로 선우도량에서 간담회가 열렸다. 당시 전국귀농운동본부 이병철 본부장을 초청하여 이야기를 들었는데, 귀농은 문명의 대안이 될 수 있으며 불교의 세계관과 생활방식, 그리고 농촌 사찰의 토지 자원이 귀농운동 최적의 조건이라는 데 많은 사람이 공감했다.

이에 1998년 서울에서 불교귀농학교가 문을 열었고, 직접 농사 실습을 할 수 있는 장기귀농학교의 필요성이 등장하면서 실상사에 3개월 과정의 장기귀농학교가 열렸다. 이러한 논의와 실천 과정에서 도농공동체, 마을공동체라는 화두로 문명 대안에 대한 모색이 계속 이어졌으며, 그 결과로 1999년 9월 인드라망생명공동체가 설립되었다. '인드라망'이란 부처님이 깨달으신 연기법, 진리의 존재, 진리의 세계를 비유로 표현하는 개념이다. 부처님의 사상과 정신을 삶으로 실천하고자 했던 이상과 가치를 한마디로 '인드라망생명공동체'라 표현한 것이다. 그리고 실상사라는 현장에서 부처님의 사상과 정신을 실제 삶으로, 실제 사회로 구현해보자고 한 것이 실상사 사부대중공동체였다.

'마을'을 주목했던 이유는, 도시화되고 기계화된 반생명적이고 비인간적인 현대 문명사회에 대한 대안이자 불교의 전통을 계승하면서도 한국불교의 새로운 대안도 '마을'에서 시작한다고 여겼기 때문이다. 무엇보다 우리는 스스로를 구제하기 위해 마을을 이야기해야 했고, 생명 위기, 평화 위기가 가속화되고 있는 문명을 구제하기 위해, 무너지고 공동화되고 자포자기의 지경에 이른 농촌 마을을 살리기 위해서도 마을을 이야기해야 했다.

그것이 가능해지려면 세 가지 조건이 필요했다. 개인은 단순 소박한 삶의 지향과 민주주의의 생활화로 주체로서의 자기 준비가 필요하고, 가족 단위는 자립적인 삶을 살아가는 토대를 위한 자급자족의 체계를 갖추어야 하며, 그리고 사회적으로는 서로 이웃을 돌보는 공공의 체계를 만드는 것, 이것이 이루어지면 정말로 마을이 희망이 될 수 있다고 보았다.

이런 고민의 연장선에서 실상사와 산내면이 인드라망생명공동체 운동의 첫 번째 실현지가 되었고, 지역조직으로 '사단법인 한생명'이 탄생했다(2001년). 그리고 같은 해 실상사작은학교가 개교하고, 2002년

그림 1 | 한생명 창립기념 세미나.
한생명 창립 직후인 2001년 11월에 실상사귀농학교에서 열렸다. 한생명은 인드라망생명공동체운동, 생명살림의 현장 실현 조직으로 탄생했다.

산내여성농업인센터 개소, 2006년 지리산친환경영농조합이 활동을 시작했다. 이 모든 것이 마을공동체 활동의 큰 흐름으로 연결되어 있다.

사단법인 한생명의 설립과 운영

법인 설립 과정 : 문제의식, 설립 배경, 중심 그룹, 지역사회 관계 등

한생명은 인드라망생명공동체와 실상사귀농학교 졸업생, 그리고 지역의 뜻있는 분들이 함께 만든 단체로, 1996년부터 위기의 현대문명의 대안으로 농촌마을공동체를 위한 모색과 실천을 해오던 중 인드라망생명공동체 가치와 철학의 구현, 제1실현지로 산내마을공동체를 가꾸기 위해 창립하였다.

창립 당시에 한생명은 실상사귀농학교 1~6기 수료생 150여 명과 지역민, 활동가 50여 명 등 200여 명의 회원 기반을 가진 조직으로 출발하였다. 생명살림운동으로 교육사업(생태귀농교육, 환경농업교육, 자립적 농촌생활 강좌 등)과 실천사업(유기농산물 생산, 가공 및 유통사업, 친환

그림 2 | 산내여성농업인센터 개소식.
2002년 11월 8일에 열렸는데, 비가 와서 산내들스스로배움터로 자리를 옮겨 행사를 진행했다.

경농업시범단지 조성사업 등), 공동체형성사업(도농공동체 만들기 사업, 생태문화마을 만들기 사업, 지역공동체 만들기 사업) 등 세 분야를 활동의 기본방향으로 삼고 출발했다.

참고로 한생명 정관에서는 "생태, 자립, 공동체 등의 대안교육을 통한 대안사회 가치관의 확산운동, 인간성 회복운동 및 교육, 귀농인에 대한 생태귀농교육 및 지원 활동, 유기농산물의 생산, 가공 및 지원 활동, 생산자와 소비자의 직거래를 통한 도농공동체 조직, 생태농촌문화마을 만들기 및 지원 활동 등"을 주요 사업으로 삼고 있다.

법인 운영 경과 : 설립 이후 분화 혹은 통합된 조직, 지역사회 관계 변화 등
창립 이듬해인 2002년 농림부 지원을 받아 한생명 부설로 산내여성농업인센터를 설립했다. 귀농자와 선주민을 모두 포괄하는 '여성농업인'들의 필요를 지원하는 마을복지의 시작이었다. 산내여성농업인센터

그림 3 | 산내들어린이집 개원 20주년 잔치.
산내면의 유일한 어린이집으로 산내 귀농운동의 역사와 함께하며 개원 20주년을 맞았다. 마을 공동체와 지리산의 품에서 양육자와 상호신뢰하며 협동하는 어린이집이다.

는 여성농업인의 고충 상담지원과 여성농업인의 건강과 문화가 있는 농촌생활, 도농교류 활성화와 나눔 활동 전개를 목표로 사업들을 실행해왔다.

2003년에는 실상사작은학교에서 한생명으로 이관한 방과후학교 '산내들스스로배움터'와 '주민건강사랑방'을 운영했고, 제1회 산내면 족구대회를 개최하여 지역민이 함께하는 화합의 장을 만들었다. 20여 년이 지난 2023년부터 산내면 족구대회는 산내면 자율방범대와 산내면 청년회가 공동주최하는 마을축제로 발전했다.

2004년에는 여성농업인센터가 운영하는 '산내들어린이집'을 개원하여 지역보육체계를 마련하였다. 지금은 산내마을에서 '산내들어린이집 – 산내들방과후학교 – 실상사작은학교 – 생명평화대학(현재는 휴교중) – 실상사공동체학교'로 연결되는 대안교육체계를 만들어가고 있다.

2005년 개장한 친환경 느티나무매장과, 2015년 실상사작은학교에서 분가한 제빵작업장 '빵아재'는 주민들의 사랑과 큰 호응으로 이제는 마을에서 완전히 자리를 잡았다. 느티나무매장 바로 옆에 있는 제빵작업장 '빵아재'는 제빵작업장, 제빵교육장, 인턴교육장 등으로 마을에 없어서는 안 될 소중한 공간이다. 이곳 느티나무매장과 '빵아재'의 건강한 먹거리는 산내들어린이집과 산내초등학교 돌봄교실, 실상사작은학교의 간식 또는 부식 등으로 공급되고 있다.

인드라망생명공동체와 한생명은 2008년 귀농인의 지속적인 증가로 집 부족과 땅값, 집값 상승 문제를 풀기 위해 산내면 백일리에 '전원마을' 사업을 유치해 20가구 규모의 '작은마을'을 조성하였다. 2011년 완공하여 현재 20가구, 70여 명이 함께 살고 있다.

2012년에 문을 연 행복한 가게 '나눔꽃'은 마을주민들이 기부한 옷이나 소품, 책 등을 정성스럽게 모아 필요한 사람들과 나누는 아름다운 재활용가게이다. '나눔꽃'의 옷이나 천을 재활용해서 냄비받침, 머리띠, 가방, 모자 등 다양한 생활소품을 만드는 일은 '나눔꽃' 옆 재활용작업장 '살림꽃'에서 이루어진다. 두 바퀴로 가는 자원순환센터라고 해도 부족함이 없을 것이다. '살림꽃'은 현재 '살림꽃협동조합'으로 발전하여 지역의 업싸이클링 명소로 자리잡아가고 있다. 주 1회 운영되는 한생명 '자전거수리점'은 동네 주민들의 자전거 수리와 정비 지원을 통해 마을의 자전거 문화를 장려하고 이끄는 역할을 하고 있다. 산내들스스로배움터 방과후학교, 실상사작은학교 수업과 연계하여 자전거 안전교육 및 단체 라이딩도 진행한다.

마을장터 '살래장'은 연중 3월부터 11월까지 매월 둘째 주 일요일에 실상사 입구 한생명 앞마당에서 열린다. '살래'는 산내를 소리나는 대로 표기한 것이다. 살래장은 경남 함양군 마천면, 전북 남원시 산내면과 인월면 등지에서 생산되고 만들어진 농산물과 수제품이 나와 동서 화합의 장터라 할 수 있다. 모두 인월~금계 지리산둘레길 3코스에 인접해 있는 마을들이다. 살래장 주관은 한생명이 해오다가 코로나19 이후 2023년 재개장을 하면서 '주민자치운영모임'으로 전환하고, 주민 주도 마을장터의 기반을 다지고 있다.

전라북도 '은퇴자 작업공간' 조성사업으로 선정되어 2018년에 만들어진 '목금토공방'은 나무, 쇠, 흙과 같이 자연에서 빌린 자원들을 활용하여 실생활에 필요한 물건을 만드는 공방이다. 목공 기초·기술교육과 공동 장비 이용을 통해 노인 은퇴자의 창작활동을 지원하고, 청년들과 함께 기술을 나누는 것으로 청년세대와의 교류를 지향하고 있다.

산내면 귀농·귀촌의 역사는 1998년 실상사 귀농전문학교가 개교하면서 시작되었다고 볼 수 있다. 2001년 창립한 한생명은 지역의 중심 역할을 하면서 실상사귀농학교, 실상사작은학교, 실상사농장 등을 통해 산내에 들어온 귀농·귀촌인들이 안정적으로 지역에 정착할 수 있는 계기와 토대를 제공했다.

그림 4 | 제2회 환경축제 그리고 살래장.
마을장터 '살래장'은 연중 3월부터 11월까지 매월 둘째주 일요일에 실상사 입구 한생명 앞마당에서 열린다. 2023년의 마지막 살래장은 제2회 환경축제와 함께했다.

2012년 문을 연 문화공간 '토닥'과 이를 기반으로 설립한 '지리산이음', 그리고 70~80여 개의 자발적인 주민동아리 활동이 활발해지면서 한생명의 역할도 변화하기 시작했다. 한생명은 주로 행정이나 자연마을과 동아리 등에서는 하기 어려운 공동체 활동, 마을교육(어린이집, 방과후학교 등), 마을복지 활동을 중심에 두고 있다.

법인의 사업(활동) : 주요 사업 영역과 최근 핵심 사업

초기 한생명은 실상사 친환경농업 작목반을 만들어 50여 가구와 함께 논농사를 친환경으로 지으며 실상들판을 친환경농업지구로 전환하는 데 '실상사농장'과 함께 중심적인 역할을 했다. 이후 지역과 지역주민들이 희망하고 요청하는 사업들과 마을공동체 활성화 사업을 펼쳐왔다. 함양군 마천면을 포함한 남원시 동북권 4개 읍면의 총 12개 초·중·고등학교 학생들이 함께 참여하여 글쓰기와 그림그리기를 하는 '지리산 청소년 글쓰기 한마당'을 20년 동안 개최하기도 했다. 이 대회는 실상사와 12개 학교 국어과 문예 담당교사들로 구성된 운영위원회가 한생명과 함께 실무를 준비하고 진행했다.

최근 2~3년 사이에 가장 중점을 두고 있는 사업 영역은 ① 지속가능한 산내마을 가꾸기를 위한 '지속가능 산내마을 상상모임' 참여와 '주민자치위원회' 설립 추진 협력, ② 남원시, 산내마을, 입석마을, 실상사 사부대중공동체가 2년 전부터 함께하고 있는 '산내면 생명평화마을만들기' 추진사업이라고 할 수 있다. 이 중에서 '산내면 생명평화마을만들기' 추진사업을 간단하게 소개해본다.

추진배경

– 한국전쟁 때 빨치산 토벌을 위해 소개疏開된 지리산 북쪽 독가촌 마을주

민들이 실상사 부지(현재의 입석리 신흥마을 일대)에 정착촌을 형성하여 현재 19가구가 거주하고 있다. 마을 주거환경이 갈수록 낙후되어가고 있지만, 사찰도 주민도 관에서도 선뜻 나서지 못하고 방치하는 상황이 이어져왔다.

- 수년 전부터 실상사 내에서 신흥마을 정비사업의 필요성이 논의되었다. 2021년 11월 실상사 주지스님이 산내면장과 발전협의회장, 노인회장, 입석마을 전·현 이장, 한생명 활동가 등을 초대하는 모임을 가졌다. 사업의 필요성을 공유하여 추진위원회를 구성하고, 이후 여론조사, 마을주민총회, 공동견학 등 2년 넘게 준비해오며 향후 후속 방안을 협의하고 있다.

사업개요

- 실상사 사부대중공동체가 지난 30여 년간 추진해온 마을공동체 운동의 연장선상에서 사업 방향을 '생명평화마을만들기'로 정하고, 주민, 사찰, 지역사회 모두에게 이로운 방향으로 마을을 가꾸기로 뜻을 모았다.
- 추진위에서는 실상사 토지 9천여 평(토지처분 요청 및 사업대상지 규모)을 크게 3구역으로 나누어, 기존 거주민들의 주택 정비(3천 평), 마을회관 및 공동작업장 등 건립(3천 평), 귀농·귀촌인 신규 주거공간 확보(3천 평) 등을 기본계획으로 정해 조계종단과 협의하고, 종단의 토지처분 승인 이후 사업을 본격적으로 추진키로 하였다.

기대효과

- 마을 숙원사업을 해결하여 다시 돌아오고픈 마을로 전환한다.
- 젊은 귀농·귀촌인들, 중장년층들이 깃들 수 있는 새로운 주거공간 조성으로 마을을 활성화한다.
- 마을이 살아나고 지역 인구절벽, 지역소멸 시대에 모범적인 마을 조성 사

례를 창출한다.

- 선주민과 귀농·귀촌인들이 조화롭게 살아가는 마을 운영의 모범 사례를 만든다.

법인 경영 : 회비(조합비), 수익사업, 상근자 인건비 확보 방법 등

법인 재정은 주로 회원들의 회비와 후원금, 친환경 느티나무매장 수입으로 충당하고 있다. 법인 산하의 산내여성농업인센터는 행정의 경상보조금과 산내들어린이집, 산내들스스로배움터, 방과후학교의 양육자 보육료와 후원금으로 운영된다. 최근 10여 년 동안 수입구조의 큰 변화는 없었다.

한생명 상근자(상근활동가라고 부른다)는 주 4일 근무를 원칙으로 하고 있으며(주중 하루는 공동체 구성원들이 모두 함께 모여 공부하고 함께 농사짓는 날이다), 최저임금 정도의 인건비(보시금이라고 부른다)를 드리고 있다. 한생명 상근자 보시금은 총지출의 50% 정도를 차지한다.

법인의 상근활동가와 반상근자의 비율은 4:6 정도로 구성되어 있다. 과거의 6:4, 7:3 정도의 비율에서 변화되고 있다. 상시적인 자원봉사단은 별도로 구성되어 있지 않으나 한생명의 다양한 마을 활동들(살래장, 행복한가게 나눔꽃, 반찬나눔 게미, 몸살림운동, 남성돌봄단 등)에 자원봉사자가 참여하고 있다. 자원봉사자들의 대부분은 한생명 회원들이다. 마을주민들과 한생명 회원들을 위한 다양한 활동과 사업에 한생명 회원들이 주축이 되어 함께하고 있다.

한생명은 산내면 인드라망생명공동체 전체 논의 단위인 '산내생명평화센터'(참여 영역 : 한생명, 실상사, 실상사농장, 실상사작은학교, 목금토공방, 숨단지발효연구소)에 함께 참여하고 있다. 각 영역의 상근활동가는 산내생명평화센터의 인사위원회를 통해 공동체 식구로 맞이하고,

각 개인의 희망과 공동체 상근활동가 현황을 참고해서 영역을 결정하고 소임을 시작하게 된다.

인드라망생명공동체는 지난해부터 매월 1회 '실상사공동체학교'를 운영하고 있는데, 많은 청장년이 참여하고 있다. 이 학교를 통해 만나는 청년들이 우리 공동체와 인연이 되어 곳곳에서 청년활동가로 활약해주길 기대하고 있다. 또한 실상사에 자원봉사자로 오시는 청장년 중에는 우리 공동체에 관심과 애정을 넘어 함께 살고 싶어하는 분들도 많다. 앞으로 이분들과도 좋은 관계로 함께 마을에서 살아갈 수 있으리라 생각한다. 이 경로로 우리 공동체의 청년활동가가 늘어나는 추세다.

법인과 지역사회 관계 : 주민자치회 및 기관단체, 행정 등

산내면 주민자치회 준비 활동은 지난해부터 '산내면발전협의회'를 중심으로 활발하게 진행되고 있다. 지난해 마을주민들을 모시고 두 차례 설명회가 있었으며, 300여 명의 자필서명을 받아 남원시에 주민자치회 서류를 제출했다. 남원시에서도 적극적으로 지원하기로 하였고, 올해는 신활력플러스사업단과 함께 온·오프라인 교육을 실시하고, 교육을 받은 사람 중에서 자치위원을 선정하여 주민자치회를 출범할 예정이다. 한생명도 회원들에게 주민자치회 온·오프라인 교육을 홍보하고 교육에 적극 참여할 것을 제안하고 함께할 계획이다.

한생명은 필요할 때마다 산내면 지역사회를 대표하는 민간단체인 '산내면발전협의회'와 긴밀하게 대화를 나누고 있으며, 여러 마을단체와도 협력적 관계를 맺고 있다. 행정과 정기적으로 만나는 소통구조는 없으나 언제든지 만나서 얘기 나눌 수 있는 상호 신뢰관계는 마련되어 있다.

법인의 비전 : 중·장기계획 수립 여부, 미래 전망 등

2021년 한생명 창립 20주년을 맞아 회원 120명이 답변한 설문조사 결과의 일부를 먼저 공유하고, 이를 토대로 한생명이 그리는 미래 전망의 일단을 소개하려고 한다. 참고로 아래 설문조사 결과는 복수 선택이 가능한 응답 방식이었다.

우리 마을에 필요한 과제로는, 마을의 당면 현안 의제화(50%), 농업과 먹거리(37%), 지역단체들과 마을주민들이 함께 하는 연대활동(28%) 등을 꼽았다. 지속적인 친환경매장 운영과 마을에 필요한 현안을 지역주민들과 함께 풀어가는 공론화와 토론의 장을 만드는 역할을 기대하는 것으로 보인다.

한생명이 지속했으면 하는 활동으로는, 생명평화와 생태적 삶과 농업을 근본 가치에 둔 공동체 활동 강화(60%), 농업과 먹거리(56.7%), 마을의 당면 현안 의제화(45%), 마을복지 활동(44.2%) 순으로 나타났다.

우리 마을에 필요한 과제와 한생명에 바라는 과제, 두 가지 모두를 비교하여 살펴보면, 농업과 먹거리, 마을 현안 의제화가 공통으로 강조된다. 생명평화, 생태적 삶과 농업을 근본 가치로 두고 활동하는 것은 물론이고 마을복지 활동에 대한 기대도 큰 것 같다. 한생명에 바라는 점을 20~40대에게 물어보았는데, 교육과 육아, 돌봄의 역할인 교육·문화 활동에 대한 응답이 높게 나왔다.

한생명은 지난 20여 년간 산내마을을 인드라망운동의 대중화 장이자, 제1 실현지로 만들기 위해 노력해왔다. 이미 잘 자리잡고 있는 기존 마을사업을 유지·발전시켜 나가면서, 이 활동 안에서 인드라망의 가치를 잘 알려나가는 것이 필요하다고 본다.

가치의 확산은 선언적이고 당위적으로 드러내기보다 삶의 현장에서 피부로 느낄 수 있는 활동으로 나타나야 한다. 회원과 주민 스스로

그림 5 | 마을 어르신 나들이 모습.
지리산노인복지센터와 실상사와 한생명이 함께 마을 어르신들의 실상사 나들이를 매월 1회 진행하고 있다. 실상사 구경도 하고, 스님들과 차도 마시며, 점심 공양도 함께 한다.

가 주체가 되어 함께 할 수 있는 방향이어야 한다. 한생명이 주관하는 다양한 마을교육 및 소모임, 어린이집과 방과후학교의 교육 활동, 느티나무매장 운영 등 일상생활에서 실천할 수 있는 주민사업으로 키워 나가는 것이 필요하다.

창립 20주년 설문조사 결과와 운영위원회 회의에서 논의된 주된 의제는 '기후위기'였고, 이에 한생명은 기후위기에 대한 대안 찾기 일환으로 탄소중립 활동, 적정생활방식 고민하기 등을 주요 활동과제로 삼아 향후 몇 년 동안 시도해보기로 하였다. 10년을 내다보는 미래 전망은 2024년 정기총회에서 결정한 "한생명 전환과 모색 모임"에서 보다 구체화될 예정이다.

법인의 당면과제, 애로사항, 정책 제안사항 등

한생명은 반상근자 6명이 함께하지만 상근활동가 5명이 느티나무매장과 산내여성농업인센터, 산내들어린이집, 산내들방과후학교, 목금토공방을 각각 운영하면서 마을의 현안에 대응하고 지역연대사업도 펼치고 있다. 이 모든 사업을 원만하게 운영하는 역할만으로도 활동가들의 모든 역량을 쏟아부어야 하는 실정이다. 그러함에도 한생명의 중추 역할과 새로운 역동을 주는 사업을 발굴하는 변화가 필요한 시점이다.

또한 각자 일터에서 해내야 할 업무 외에 산내인드라망공동체를 운영하기 위해 주어진 역할도 함께 하고 있다. 이런 다중적인 역할에 대한 정리가 잘 되어 있어야 역동적이면서 집중하는 일터로서 의미가 있을 것이다. 산내인드라망공동체 구성원으로서 함께 공부하고, 함께 결정하고, 함께 일하는 공동체적인 토대가 활동가들에게 많은 위안과 삶의 활력을 주고 있는 것은 사실이지만, 경제적인 부분에서 아직도 장기적으로 활동가들의 생계 유지에 어려움이 있다. 이를 보완할 방안이 필요하다.

그동안의 여러 경험을 바탕으로 어떤 정책 제안을 하는 것이 좋을지 아직은 잘 모르겠다. 지역사회의 요청이 있을 때, 또 행정이 제안할 때, 그때그때 적절하게 협조하면서 다양한 활동을 전개해왔다. 우리의 경험이 다른 지역에 어떤 시사점을 줄 수 있는지, 중앙정부 정책으로 어떤 것을 제안할 수 있을지 제대로 토론해본 적은 없는 것 같다. 앞으로 한생명 활동가들이 모여 함께 공부하고, 다른 공동체와 연대하면서 구체적인 방안을 만들어나가도록 하겠다.

춘천별빛 사회적협동조합, 강원도 춘천시 사북면

고령사회에 맞는
농촌마을돌봄네트워크 만들기

최대영
춘천별빛 사회적협동조합
이사

도농복합도시 춘천, 그리고 농촌지역 조직

춘천은 도농복합지역이다. 사람들이 많이 살고 있는 도시지역에 여러 정책사업이 집중되어 있다 보니 다른 군 단위 농촌지역보다 상대적으로 춘천의 농촌지역 정책사업은 미흡하고 소외감이 더 크다. 면 지역의 주민들은 통합 전인 춘성군 시절(1995년에 춘천시로 흡수통합)보다 혜택이 더 없다는 이야기를 자주 한다.

그럼에도 춘천은 민선 7기 때 강원도에서는 유일하게 재단법인 춘천시마을자치지원센터를 설립하고, 25개 읍면동 가운데 17곳에 주민자치회를 구성하도록 지원하였다. 또한 읍면동 단위로 마을복지계획단을 구성하여 소규모 마을복지 활동도 진행하였다. 마을복지계획단은 읍면동 지역사회보장협의체가 중심이 되고 다양한 돌봄조직이 참여하여 마을복지 의제를 발굴하는 활동을 한다.

이외에도 농촌지역에는 다양한 조직이 활동하고 있다. 이장협의회와 새마을운동협의회, 주민자치위원회(또는 주민자치회), 부녀회, 노인회 등이 있다. 하지만 이들은 대체로 행정에서 만든 조직이거나 행정을 돕기 위해 만든 자생조직이다. 현재는 이조차 역할을 담당할 사람이 없어 공석이거나 한 명이 4~5개 단체에서 중복 활동을 하는 경우가 많다.

몇 개 읍면에 국한되지만 주민들의 자발적인 움직임도 있다. 예를 들어, 아이들의 방과후 돌봄 활동을 펼치거나 폐교 위기를 막고 학교를 살리고자 혁신학교 지정 운동을 전개한 곳도 있다. 또 행정리 마을 단위로 마을공동체 활동을 하는 곳도 있다. 하지만 대부분 지역사회 전체가 아닌 '그들만의 조직화'에 그치고 있다. 간혹 어느 마을 이장의 열정으로 지원사업을 받아 주간보호센터를 설치하고자 노력하거나 마을어르신 돌봄 활동을 하는 경우도 있다. 하지만 대부분 지원사업 기간이 1~3년에 그쳐 오래 지속되지 못한다.

농민들은 경제적 자립을 위해 농사 규모를 더욱 늘리고 기계화를 실현하기 위해 노력한다. 그러다 보니 농한기도 없는 바쁜 일상을 보낸다. 지속가능한 농촌 마을을 만든다거나 공동체를 생각할 겨를이 전혀 없고, 점점 개별화되고 각자도생各自圖生 하고 있다. 춘천 시내에 집을 두고 출퇴근하는 농민도 크게 늘어나고 있으며, 과거 활발했던 농민회 활동도 이제는 침체되어 있다. 간혹 귀농·귀촌한 주민 중에 일부가 마을공동체나 학교 살리기와 같이 농촌 사회에 대해 고민하는 사람들이 있으나 활동 범위가 지극히 제한적이고, 때로는 원주민과 갈등을 초래하는 경우도 적지 않다.

이 외에도 농업경제조직인 작목반이나 영농조합법인, 인삼농가협의체 등 농가소득을 높이기 위한 조직이 있고, 농촌체험휴양마을협의회도 조직되어 있다. 우리가 살고 있는 농촌에도 조직은 많은 것처럼 보이지만, 총체적으로 주민을 대변하거나 대안을 만들어가는 자발적인 조직은 아주 미미한 것이 현실이다. 그나마 주민자치위원회에서 주민자치회로 전환하고 제 역할을 찾아가려는 읍면이 일부 나타나기 시작한 정도가 최근의 긍정적인 동향이다.

춘천시 사북면의 특성과 주민조직 상황

사북면史北面은 춘천시 북쪽으로 화천군과 접하는 곳에 위치한다. 행정리가 16개이고, 2,424명(2024년 2월 기준)이 살고 있다. 20세 이하가 190명이고, 31~50세가 287명, 51~70세가 1,157명, 71세 이상이 649명이다. 작년 2월에 비해 61명이 줄었고, 매년 감소하고 있다. 주민등록상 인구 현황이기에 실제로 살고 있는 인구는 더 적을 것으로 추측된다. 1965년에 춘천댐이 완공되면서 모진강(북한강)을 기준으로 지리적으로 완전히 분리되어 남南사북과 북北사북으로 불린다. 면사무소(행정복지센터)가 수몰되어 북사북에 새롭게 자리잡았다. 북사북에는 10개 행정리 1,500여 명이 살고 있고, 춘천별빛 사회적협동조합(이하 '춘천별빛')이 위치한 남사북에는 6개 행정리 900여 명이 산다.

남사북에서 북사북에 있는 면사무소로 가려면 자동차로 20분이 걸리는데, 직접 가는 대중교통은 없다. 그러다 보니 남사북에서는 여러 행정 업무를 직접 춘천시청으로 가서 해결한다. 춘천시청으로 가는 시간도 20분밖에 걸리지 않기 때문이다. 그러다 보니 남사북 사람들과 북사북 사람들은 같은 면에 산다는 동질감이 부족하다.

면사무소가 있기는 하나 북사북도 북한강을 따라 좁은 들판에 띄엄띄엄 상점이 있다 보니 상권이 제대로 형성되어 있지 않다. 초등학교는 북사북에 지촌초등학교와 지암분교가 있고, 남사북에 송화초등학교가 있다. 중학교는 북사북에 신포중학교가 있으나 남사북과 북사북에서 초등학교를 졸업하는 아이들이 춘천 시내 진학을 선호하고 있어 폐교 위기에 처해 있다. 그 외 북사북에는 2개의 지역아동센터가 있고, 남사북에는 춘천별빛지역아동센터가 있다.

    주민조직으로 이장협의회와 노인회, 부녀회, 주민자치위원회 등이 구성되어 있으나, 앞서 소개한 것처럼 자치역량이 강한 편은 아니다. 행정리 마을도 인구감소와 고령화가 심각해져 부녀회 구성이 어려운 마을이 점점 늘고 있으며, 이장 할 사람이 마땅치 않아 어쩔 수 없이 연임하는 경우도 발생하고 있다. 춘천농민회 사북지회가 결성되어 있으나 현재는 지역 내에서 활동이 거의 미미하고 대부분 인삼농사에 매달리고 있다. 농지가 적은 반면 북한강을 따라 경관이 빼어나 은퇴 후 귀촌하는 사람들이 있으나, 대부분 마을과 적극적으로 소통하기보다 조용히 살고 싶어한다.

    한국수력원자력주식회사 춘천댐지사와 한국수자원공사 소양강댐지사에서 해마다 책정한 마을 지원금이 있지만 행정리 마을이 돌아가며 수령하고 있어 전체 주민의 문화복지 향상을 위한 고민에는 이르지 못하고 있는 실정이다. 2022년에 주민자치회 전환 준비를 했으나 행정착오와 소통 부재로 무산되었고, 현재는 활동이 거의 유명무실한 주민자치위원회가 이어지고 있다. 2024년부터 '춘천별빛'의 윤요왕 이사장(2024년 2월 현재)이 자치위원으로 참여하여 변화를 꾀하는 중이다.

필요를 발견하고 실현하는 힘과 열정
– '춘천별빛'의 탄생과 성장 과정

2004년에 남사북에 위치한 송화초등학교에서 방과후에 귀가하던 한 어린이가 교통사고로 죽는 충격적인 일이 발생했다. 모두 다시는 사고가 재발하지 않기를 바라며 이에 대한 작은 조치로 학교 앞에 횡단보도를 설치했다. 그때 귀촌한 지 얼마 안 된 윤요왕 이사장이 사고 발생 원인을 찾다가 당시에는 방과후 프로그램이 없었기에 아이들이 학교를 마친 뒤 바로 집에 갔고, 집에 가면 또래 친구가 없어 외롭고 심심하게 지낸다는 사실을 알게 되었다. 특히 농번기에는 아이들이 방과후에 혼자서 밥을 차려 먹는 등 거의 방치 수준에 가까운 생활을 하고 있었다. 집에 갈 때도 인도 없는 도로를 걸어서 가야 하는 학생이 많아 항시 위험이 존재했다.

이를 개선하기 위해 초등학교 학부모들을 설득하여 2005년 몇몇 학부모들이 돌아가며 아이들을 돌보는 품앗이공부방을 마을회관에 열었다. 또 인근 군부대에 요청해서 군 장병을 강사로 데려와 태권도 프로그램을 진행하였다. 이곳저곳을 다니며 자원봉사로 참여할 강사를 섭외하여 품앗이공부방 프로그램을 꾸려나갔다. 아이들이 마을공동체 안에서 자신감을 가지고 성장할 수 있도록 작은 마을음악회도 개최했다.

2007년 '작은 학교 통폐합'이란 광풍에 맞서 초등학교를 살리기 위한 방안의 하나로 농촌유학센터 개소를 준비했다. 그 사이 2009년에 품앗이공부방이 별빛지역아동센터로 인가를 받았고, 2010년에 춘천별빛농촌유학센터가 만들어져 행정안전부의 마을기업으로 선정되었다. 춘천별빛농촌유학센터는 농촌유학생이 마을 어르신 댁에서 기숙하게 하여 학교 살리기와 농가소득을 연계하는 방식의 모델을 개발하였고, 도시 부모들과 마을주민 모두에게 큰 호응을 얻었다.

다른 한 축으로는 마을 어르신들을 위해 마을 청장년들이 병원 이동 지원과 고장 시설 수리를 해드리는 '우리마을119' 활동을 시작했다. 이것이 밑바탕이 되어 2013년에 마을 청장년들이 모여 강원도 농촌지역 최초로 춘천산골마을협동조합을 결성했다. 농가소득을 위한 작목반

구성, 농촌체험활동 등 지속가능한 경제조직을 만들고자 했으나 준비과정이 충분하지 않았고, 소통과 학습이 꾸준히 이루어지지 않은 점 등의 이유로 2017년 해산하였다.

대신 '춘천별빛'이 2014년 교육부 인가로 직원도 조합원으로 참여하는 사회적협동조합으로 설립되었다. 2017년부터 마을주민과 학부모로 조합원을 확대하여 활동 영역을 넓혔고, 2018년에는 사회적기업으로 지정되어 마을 어르신 돌봄사업을 추진했다. 2010년부터 해마다 이어져온 경로잔치와 마을축제를 기획하고, 비정기적으로 진행한 '우리마을119' 활동을 본격적으로 전개했다. 특히 2018년 8월부터 12월까지 6개 행정리 어르신 132명을 대상으로 마을돌봄 조사를 진행한 후 이를 반영하여 2019년부터 반찬나눔과 이·미용서비스, 병원 이동지원, 시설 개선 등 어르신들이 필요로 하는 돌봄활동을 전개했다. 2024년 2월 현재, 매월 4개 행정리 마을회관에서 이·미용서비스를 진행하고 있고, 주 1회 57가구 대상으로 반찬나눔 활동을 하고 있으며, 병원 이동지원서비스와 세대공감 활동 등을 진행하고 있다.

'춘천별빛'은 지역아동센터, 농촌유학센터, 나이들기좋은마을팀의 3개 팀으로 구성하여 활동하고 있다. 또 2023년부터 청년모임 '달달'을 꾸려 청년들이 마을에 정착할 수 있는 기반을 만들기 위해 노력하고 있다. 2023년 하반기부터는 강원도교육청과 서울시교육청이 협약을 맺어 농촌유학생 지원금도 받게 되었다. 이에 따라 도시유학생 부모들의 유학비가 대폭 감소되었고, 모집의 어려움을 극복하게 되어 유학생도 크게 늘어났다. 현재 활동가는 지역아동센터에서 2명, 농촌유학센터에서 2명이 일하고 있다. 나이들기좋은마을팀은 2024년 인건비를 확보하지 못해 팀 활동이 중단되었으나 아래에서 소개하는 이웃복지사 활동을 통해 그 해결책을 찾고 있다.

'춘천별빛', 이웃복지사로 새로운 길을 시작하다

누구나 아는 것처럼 대한민국은 저출산으로 인한 급격한 인구감소, 고령화에 따른 사회경제적 갈등과 혼란이 예고되어 있다. 농촌지역은 도시에 비해 이런 현실이 피부로 더 다가온다. 앞서 소개한 것처럼 현재 사북면의 인구 구성은 다른 농촌지역과 마찬가지로 고령화되어 있으며, 앞으로 빠른 추세로 그 비율이 높아질 것이다. 그러기에 농촌지역에서 시행하고 있는 다양한 인구유입 정책이 일시적으로 혹은 특수한 지역에서 성과를 드러낼 수 있으나 이 흐름을 꺾을 수는 없을 것으로 예상한다.

'춘천별빛'은 지금까지 우리가 살고 있는 마을이 지속할 수 있도록 많은 노력을 기울여왔다. 더불어 한 번도 전체 농촌지역이 보편적으로 지속가능한 길 찾기를 포기한 적은 없다. 현재까지 우리가 발견한 보편적인 길은 주민 스스로 마을 어르신을 먼저 돌보는 농촌마을돌봄네트워크를 만드는 것이다.

그림 1 | 이웃복지사의 일상적인 활동 예시.
이웃복지사는 춘천별빛 사회적협동조합에서 실천적인 경험을 반영하여 도입한 제도이고, 현재 더 구체적으로 개념을 정리하고 있다.

농촌지역 어르신들은 평생을 살아온 터를 내놓고 다른 곳으로 이동하는 것이 쉽지 않다. 그러나 나이들수록 특히 더 필요한 생활복지, 병원 이용 같은 문제는 풀기가 어렵다. 마을 어르신 돌봄 활동을 진행하면서 그런 고민들이 더 심각하게 받아들여졌다. 현재 어르신들의 문제가 곧 우리의 미래 문제라는 생각이 들었다.

필자의 경험으로는 처음에는 마을 어르신을 돌봄 대상자로 생각하다 보니 부담이 있었다. 그런데 시간이 지나면서 어르신들을 만나 오히려 내가 위안과 돌봄, 격려를 받고 있다는 것을 깨달았다. '우리는 서로 돌보고 있구나'라는 생각이 들었고, 그제야 이웃 주민으로 살아가는 즐거움을 알게 되었다.

이런 경험을 토대로 이웃으로서 조금 더 가까이 다가갈 수 있고, 다른 복지관이나 기관을 연계하는 복지사 역할도 한다는 의미의 '이웃복지사'라는 개념으로 정리해냈다. 또한 "돌봄의 시작은 마을입니다"라는 슬로건을 내세워 농촌마을돌봄네트워크를 형성하겠다는 구상도 했다. 농촌마을돌봄네트워크는 농촌에서 생활과 관계의 가장 기본 단위이며 생활복지 사각지대에 있는 행정리 마을(주민)이 연대하는 조직으로 규정했다.

2021년 행정의 지원사업을 활용하여 3개월 동안 남사북에 있는 고탄리와 고성2리 마을주민 2명을 설득하여 이웃복지사 활동을 시작했다. 짧은 시간이었지만 이웃복지사들이 필자와 같은 경험을 하고, 열정을 쏟는 것을 보면서 다른 마을에서도 활동이 가능하다는 확신을 가지게 되었다. 그래서 50대가 지원 대상이 되는 신중년경력형일자리사업과 연계하여 본격적으로 이웃복지사 네트워크를 구성하고자 했다. 하지만 전문 자격증을 가지고 있어야 하고 3년 이상 경력이 필요하다는 등의 조건이 까다로워서 포기할 수밖에 없었다.

그때 재단법인 춘천지혜의숲(춘천시 출연재단)이란 조직에서 '2022년 사회서비스형 노인일자리사업' 참여자를 모집하고 있었다. '춘천별빛'이 공모사업에 선정되어 10명의 이웃복지사를 배정받았다. 춘천지혜의숲은 노인일자리사업 수행기관으로서 활동비와 안전교육 등의 행정 활동을 진행하고, '춘천별빛'이 수요처로서 이웃복지사 활동관리와 교육, 간담회와 회의 등을 추진하였다.

하지만 2021년 말 '춘천별빛'은 사회적기업 인건비 지원사업이 종료되면서 2022년 인건비 확보가 어려워졌다. 필자는 이웃복지사의 개념과 활동을 더 확대할 필요성을 느껴 현재 소양강댐노인복지관으로 이직하여 2022년부터 이웃복지사 활동을 진행하고 있다.

2022년부터 '춘천별빛'의 나이들기좋은마을팀은 사실상 해체되었지만 농촌유학센터장이 그 역할을 맡아 6개 행정리 마을에 배정된 이웃복지사와 매주 회의를 진행하며 활동을 지속하고 있다. 반찬나눔은 각 마을에서 가져갔고 병원 이동지원과 이·미용서비스의 횟수를 늘렸다. 또한 각 마을에 이웃복지사가 생기면서 신속하게 어르신과 연결할 수 있는 체계도 갖추었다.

2024년 2월 현재, 이웃복지사는 사북면 12개 행정리에 16명, 신북읍 22개 행정리에 26명, 북산면 8개 행정리에 9명, 동면 6개 행정리에 6명 등 다 합쳐서 4개 읍면 48개 행정리에서 총 57명이 활동하고 있다. 남사북 지역은 '춘천별빛'의 활동과 소양강댐노인복지관의 이웃복지사 활동이 결합하여 이루어지고, 나머지 다른 지역은 소양강댐노인복지관 이웃돌봄사업단의 이웃복지사 활동이 진행되고 있다.

또 '관계이웃'이라 부를 수 있는 춘천 시내 참여자들은 연계지원 활동가로 배치하여 집수리, 이·미용서비스, 이동지원, 프로그램 지원, 방문건강관리, 대면상담 등으로 이웃복지사 활동을 측면에서 지원하고

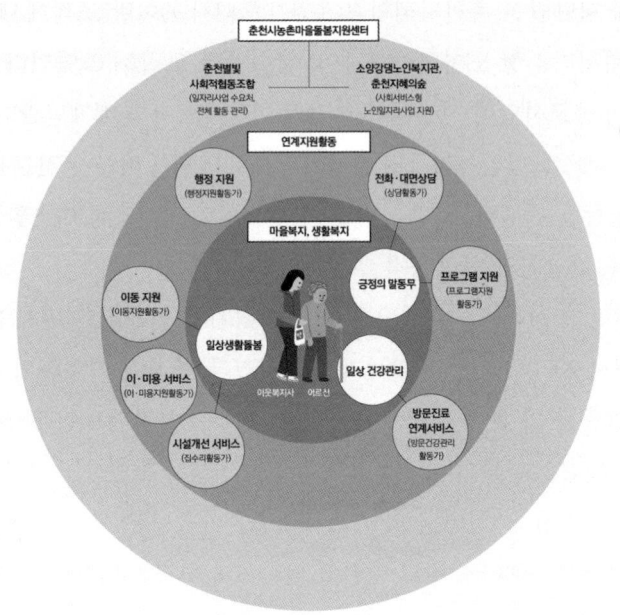

그림 2 | 이웃복지사와 연계지원 활동, 농촌마을돌봄네트워크 구상.
이웃복지사의 마을복지 활동과 연계지원 활동가의 협력이 더 발전하여 춘천시농촌마을돌봄네트워크가 구축되는 구상을 실천중이다.

있다.

읍면사무소에서는 이웃복지사의 역할에 대한 인식이 뚜렷해지면서 연계협력을 요청하는 경우가 많아지고 있다. 또한 마을 이장과 노인회장도 이웃복지사 활동과 협력하면서 자신들의 과다한 역할을 배분하는 효과를 보고 있다.

고령사회에 맞는 농촌마을돌봄네트워크 만들기

'춘천별빛'은 이웃복지사 개념을 도입하면서 춘천시의 중간지원조직 역할을 담당할 조직으로 춘천시농촌마을돌봄네트워크를 구축하려는 계획을 세웠다. 몇 년간 마을돌봄 활동 경험을 통해 돌봄의 시작은 마을이고, 이웃 주민이 역할을 해야 돌봄 비용도 절감하고 소외되는 곳 없이 돌봄체계도 구축할 수 있다고 생각했다. 또 마을이 서로 돌보는 돌봄의 문화를 되살려야 주민 개개인의 필요에 맞게 생활복지를 실현할 수 있고 지속가능성도 확보할 수 있다고 여겼다. 그리고 이런 문화적 바탕이 귀농·귀촌인의 유입을 가능하게 하는 계기도 되리라 예측했다.

현재 춘천시농촌마을돌봄네트워크 구축에 있어 몇 가지 넘어야 할 장애물이 존재한다. 첫 번째는 소양강댐노인복지관과 일정하게 역할을 배분하는 논의가 필요하다는 점이다. 앞서 소개한 것처럼 소양강댐노인복지관은 '사회서비스형 노인일자리사업' 수행기관으로서 모집과 교육, 예산 집행의 역할을 담당하고, '춘천별빛'은 참여자 지원과 활동관리, 연계지원체계 구축 등 중간지원조직 역할을 담당한다. 이를 통해 노인복지관과 마을조직이 함께 협력하는 돌봄체계 구축을 모색해야 할 필요가 있다. 앞으로 서로에게 도움이 되는 역할이 무엇인지 충분한 협의가 이루어질 필요가 있고, 이것을 2025년 사업에 반영하여 준비하려고 한다.

두 번째는 '춘천별빛'이 중간지원조직으로 자리매김할 수 있도록 인적 역량을 확보하는 것이다. 작년부터 '춘천별빛'은 춘천시사회적경제지원센터와 함께 이 문제를 해소하기 위해 지속적인 논의와 실천적인 노력을 병행하고 있다. 2023년에는 택시를 통한 이동지원서비스 사업을 시범적으로 진행하였고, 이를 통해 중간지원조직으로 성장할 가능성을 살펴보았다. 2024년에는 마을돌봄활동가 아카데미를 열어 기존의 이웃복지사의 성장과 새로운 활동가 양성을 위한 사업을 진행하고 있다. 이런 노력을 통해 춘천시농촌마을돌봄네크워크 구축의 길이 좀 더 가시적으로 드러날 수 있을 것이다.

세 번째는 이웃복지사들의 역량강화를 통해 생활복지와 마을복지 실현에 대한 자각을 높이는 것이다. 이웃복지사 교육만으로는 해결되지 않기에 "저출산, 고령화사회에 맞는 지속가능한 농촌마을만들기"라는 정책 제안을 준비하고 있다. 자신이 사는 마을의 돌봄 문제를 자신의 문제로 여기고 직접 실천할 수 있도록 기존의 농촌돌봄 정책을 살펴보고 우리 지역에 맞는 새로운 아이디어를 발굴해야 한다. 마을 어르신들에게 의견을 묻고 춘천시에 제안하는 방식을 반복함으로써 이웃복지사들에게 마을의 지속가능성에 대한 이해도를 높이고, 마을복지와 생활복지 실현의 필요성에 대한 인식 개선을 지속하고자 한다.

읍면 법인 설립 지원 사례, 충남 당진시 농촌신활력플러스사업

김경숙
당진시
농촌신활력플러스사업추진단
사무국장

농촌신활력플러스사업은 농촌지역의 유·무형 자원과 자생적 민간조직을 활용하여 지역의 특화산업 육성, 일자리 창출, 참여 주체 역량강화, 공동체 활성화, 지역주민 공익 증대 등 농촌에 새로운 활력을 불어넣고 자립적 지속적 성장이 가능한 농촌 사회를 구현하는 것이 목표다. 농식품부 소관의 일반농산어촌개발사업 대상 123개 지자체 중 2018년부터 100개 시군을 단계적으로 선정하여 4년간 추진하는 사업이다.

당진시는 2022년 사업지구로 선정되었다. 농촌은 점점 쇠퇴하는 반면 시로 승격한 이후 지역개발이 도시에 집중되면서 도농 부문 간 격차가 크게 확대되었고, 이를 극복하기 위한 방향으로 사업 목적이 설정되었다. 농업·농촌에 대한 공익적 가치를 확산하면서 균형발전을 추구하고자 한 것이다. 또 기존에 지원된, 또 앞으로 지원될 농촌 정책사업의 지속성을 확보하고, 당진만의 지속가능한 모델을 발굴하고자 여러 사업을 시도하고 있다. 이 글에서는 8개 면 단위로 구성한 농촌활력지원단을 중심으로 사회적협동조합을 설립하도록 지원하는 전략과 방법론 중심으로 소개하고자 한다.

"농촌활력지원단과 함께 도농상생 당진"

농촌신활력플러스사업의 핵심 목표는 명칭 그대로 농촌에 새로운 활력을 불어넣고 배가시키기 위한 '사람과 조직'을 발굴하고 성장시키는 데 있다. 그동안 국가나 지자체가 시행하는 정책은 사업이 완료되면 건물만 남고 사람의 역량은 흩어진 채 운영조직도 없는 경우가 대부분이었다. 이 사업은 정책사업이 끝나더라도 지역의 문제에 대해서 고민하고 발전 전략을 실천할 '사람과 조직'을 양성하는 것이 핵심 과제이다. 이런 토대가 만들어져야 농촌 사회도 자립적 지속적 성장이 가능하다고 본 것이다. 당진시의 구상은 이런 문제의식을 아주 구체적이고 직접적으로 반영하고 있다. 이런 점에서 당진만의 특색으로 다음과 같은 점을 내세울 수 있다.

첫 번째 특색은 사업 취지에 맞게끔 현장 밀착형 농촌 활동가(액션그룹)를 발굴하되, 특히 면面별로 핵심 주체를 조직하는 것이다. 면 소재지에 조성된 거점시설과 연계하여 이를 운영할 수 있는 농촌활력지원단을 정책적으로 육성하는 것이다. 초고령화와 인구감소로 실행력이 저하된 농촌 상황에서 현장 밀착형 전문조직이 필요하기 때문이다. 이를 위해 농촌 활동에 필요한 전문지식을 배우고 현장 지원 능력을 키울 수 있도록 기본 및 심화교육을 진행하고 있다. 이것은 다음에 시행될 농촌협약사업을 현장에서 집행할 수 있는 전문조직을 미리 설립하고 역량을 강화하도록 지원한다는 취지를 담고 있다.

두 번째 특색은 면 단위의 사회적농업과 사회적경제 활성화에 크게 주목하고 있다는 점이다. 이를 위해 당진형 사회적농업 농장을 발굴하여 육성하고, 또 주민들의 생활 필요에 기초하여 지역문제를 사회적경제 방식으로 해결하는 주체도 육성하고 있다. 지역주민이 직접 사업을 기획하고 실행하여 자립적 발전을 위한 기반을 구축할 수 있도록 다양한 공모사업 기회를 제공하고 있다. 당연히 면별로 구성되는 농촌활력지원단과 이런 주체들이 밀접하게 연결되어 있다.

세 번째 특색은 농촌지역 전체의 다양한 주체들이 서로 협력할 수 있도록 온·오프라인의 공동체 플랫폼을 조성한다는 점이다. 면 소재지의 거점기능을 회복하고 농촌 활력을 추진하는 다양한 지역 주체들이 당진시 전체의 협력네트워크를 구축하도록 거점공간을 조성하고 있다. 또 이런 활동이 시너지를 창출할 수 있도록 당진시 전체와 면별로 지역 거버넌스와 통합적인 지원체계를 구축하도록 여러 사업이 결합되어 있다.

8개 면 거점시설 위탁금 지원과 농촌활력지원단 구성, 사회적협동조합 설립 전략

농식품부 일반농산어촌개발과 같은 사업은 대규모 사업비가 투자되었음에도 정상적으로 운영되는 거점시설은 몇 군데에 지나지 않는다는 문제점이 계속 대두되어왔다. 이에 대한 개선책을 고민하던 당진시는 다른 지자체와 달리 2023년부터 민간위탁금을 지원하기로 결정하였다. 그 근거는 「당진시 일반농산어촌개발사업 추진 및 시설물 운영·관리에 관한 조례」 제14조였다. 먼저 2월에 신평면 금초권역센터와 5년 동안 위·수탁협약을 체결하였고, 이를 시작으로 4월에 우강면 솔뫼권역센터와 고대면 고대커뮤니티센터, 6월에 면천면 면천활력바라지복지회관으로 이어졌다. 위탁금은 연간 3,500만 원이고, 상근 사무장 1인의 인건비와 거점시설 공과금 등으로 사용한다. 또 2024년 1월에는 우강면 약시우강사랑채와 대호지면 대호하늬바람센터가 위탁운영을 시작했고, 작년 12월 준공된 정미면 희망나눔센터와는 현재 협약

그림 1 | 당진시 신활력 농촌활력지원단 발대식.
8개 면 거점센터별로 활동할 농촌활력지원단을 1~2명씩 배치하는 구상으로, 농촌 활동가 3기 양성과정 수료생 중에서 심사 과정을 통해 1차로 13명을 선정하여 2023년 10월에 발대식을 가졌다.

그림 2 | 당진시 농촌활력지원단과 거점센터 사무장과의 만남.
농촌활력지원단 코디가 향후 활동할 거점센터의 사무장과 함께 만나 서로 인사하고 앞으로의 활동 계획에 대한 이야기를 나눴다.

이 진행되고 있다.

현재 수탁하는 조직 가운데 면천면 소재지 거점시설과 우강면 권역센터만 법인의 형태를 갖추고 있고, 나머지는 운영위원회와 같은 임의단체에 해당한다. 그래서 지역문제를 스스로 해결하기 위해 실천조직으로서 비영리 네트워크 법인을 설립할 필요성이 강하게 제기되었다. 이에 추진단에서는 신활력플러스사업을 통해 8개 면을 대상으로 거점시설을 활성화할 수 있는 위탁금과 프로그램을 지원하는 것과 병행하여 농촌활력지원단 구성, 사회적협동조합 설립 등의 과정을 지원하기 시작했다.

일단 8개 면 단위에서 핵심적인 지역과제를 해결할 수 있는 액션그룹을 발굴하고 사업화 과정을 지원하고 있다. 또 면 단위에서 현장 밀착형 중간지원조직 역할을 수행하는 농촌활력지원단을 면별로 구성하여 거점시설에 배치했다. 면별 농촌활력지원단은 주민 수요를 반영할 수 있는 사업을 발굴하고 진행하면서 학습 경험을 축적하고 있다. 또 각종 농촌지역개발사업을 통해 조성된 거점시설의 유휴화를 방지하면서, 지역공동체 활동에 주민이 참여하도록 촉진하는 역할도 수행하고 있다.

지역문제를 주민 스스로 해결하기 위해서는 중장기 발전계획을 수립하는 것이 반드시 필요하고, 또 이를 실행하는 주체로 비영리 네트워크 법인은 반드시 필요하다고 할 수 있다. 8개 면 중에서 현재 이런 법인을 설립한 곳은 2개에 불과하다. 면천면의 경우에는 면 소재지 거점시설인 면천활력바라지복지회관이 농촌중심지활성화사업으로 준공되었는데, 이를 '면천마을관리 사회적협동조합'이 위탁받아 운영 중이다. 이 법인은 건물 준공 이전에 운영위원들이 주축이 되어 마을목욕탕을 포함하여 거점시설을 어떻게 운영할 것인지 여러 차례 논의한 끝에 설립되었다. 정미면의 경우에도 가장 최근인 작년 12월에 희망나눔센터가 준공되었는데, 핵심 기능인 돌봄사업을 지속가능하게 수행할 수 있도록 '정미희망나눔 사회적협동조합'을 설립하였다.

면별 거점시설을 기반으로 공동체 경제 활동이 활발하게 이루어지

그림 3 | 면별 사회적협동조합 설립 순회설명회.
면 소재지 거점시설의 운영 주체로 아직 법인화가 이루어지지 않은 4개 면을 대상으로 사회적협동조합 설립을 지원하기 위해 올해 2월부터 순회설명회를 개최하였다.

그림 4 | 대호지면 거점센터 운영법인 설립 컨설팅.
4개 면을 순회하며 맞춤형 컨설팅도 진행하고 있다. 여전히 어렵게 받아들이는 부분도 많지만 올 연말까지 모두 법인으로 전환하여 튼튼한 법인으로 성장하리라 기대하고 있다.

도록 여러 지원사업이 이루어지고 있으나 주민자치와 주민 주도성 강화를 위해서는 무엇보다 면 단위 집행조직으로서 사회적협동조합 설립이 중요하다. 이런 점을 인식하여 추진단은 현재 면 소재지 거점시설을 수탁운영할 법인이 설립되어 있지 않은 4개 면을 우선하여 사회적협동조합을 설립할 수 있도록 컨설팅을 시작하기로 했다. 올해 2월부터 본격적으로 주민교육과 맞춤형 컨설팅을 시작하였고, 연내에는 모두 법인 설립이 가능할 것으로 기대하고 있다.

당진의 활력 있는 농촌을 위해

앞으로 추진단은 지역문제를 주민 스스로 해결할 수 있도록 면별로 사회적협동조합을 설립하고, 또 이들 법인 사이의 네트워크를 형성하도록 계속 지원해나갈 것이다. 각 법인의 사업 실행력을 높이고 자립적인 역량을 갖추면서 농촌 사회의 핵심 과제도 차근차근 해결할 것이다. 이를 통해 공동체 경제 활성화도, 지속가능한 농업·농촌 실현도 기대할 수 있을 것이다.

 당진의 농촌을 활력 있게 만드는 방법론에 정답은 없다. 당진시는 추진단과 행정이 협력하면서 현장에 밀착된 '사람과 조직'을 육성하고, 특히 농촌활력지원단과 함께 면 단위 사회적협동조합 설립에 당분간 집중할 것이다.

 추진단은 지난 2월 14일부터 매주 수요일과 목요일마다 진행하는 액션그룹 아카데미 2기를 새롭게 시작했다. 작년에 진행했던 것처럼 지역문제를 함께 고민하고 실천할 사람과 조직을 발굴하고, 교육이 완료되면 이후 공모 방식으로 사업계획을 평가한 후에 시범사업을 진행할 사업비도 지원할 예정이다. 여전히 전체 사업이 끝난 이후에도 액션그룹과 면 단위 법인이 지속될 수 있을지 여러 고민이 있다. 당장은 추진단을 수탁운영하는 모법인의 실체를 명확히 하는 것, 추진단 인력의 고용 문제를 해결하는 것이 숙제처럼 남아 있다. 하지만 최선을 다해 일하는 게 우선이니만큼 나중 일은 천천히 차근차근 생각하며 나아가고자 한다.

벼림
농민·농업·농촌 연속좌담 11

읍면 주민의
필요를 대변하는
비영리
네트워크 법인

농민·농업·농촌을 둘러싼 당면 문제를 해결하기 위해 농민·주민·활동가·연구자 등이 모여 서로의 관점을 교차시키며 깊이 연속해서 토론합니다. 그동안 국가와 정책결정자들의 관점에 의해 틀지어져오던 농촌 문제의 숨겨진 세부를 재발견하고, 그 문제들을 해결할 보다 정밀하고 통합적인 사유와 자율적인 실천의 장을 준비합니다.

읍면 주민의
필요를 대변하는
비영리 네트워크 법인

참석 | 구자인, 금창영, 김정섭, 정민철, 황종규
사회 | 구자인
기록 | 강윤정
때 | 2024년 6월 15일(토) 오후 1시~3시
곳 | 마을연구소 일소공도 협동조합 사무실

구자인   오늘 좌담회 주제는 '읍면 앵커조직'입니다. 학회지 『마을』 좌담회는 주제에 관한 논의의 연속성 차원에서 매번 고정으로 저와 김정섭 박사, 정민철 선생님이 참여하고 있습니다. 그리고 당연직으로 금창영 편집위원장님이 참여하셨고, 또 이번 12호 주제 관련하여 황종규 교수님도 모셨습니다. 먼 길 함께 해주셔서 반갑고 고맙습니다.

우리가 읍면 앵커조직에 주목하는 이유

구자인   『마을』 12호에서는 앵커조직을 다룹니다. 용어의 개념이나 정의는 잠시 후 본격적인 토론자리에서 이야기나누는 것으로 하겠습니다. 이번 호 제목에서 알 수 있듯 우리는 '읍면 단위 비영리 네트워크

법인'에 주목하고 있습니다. '트임'에 저와 황종규 교수님의 글을 실었고, '스밈'에 사례가 되는 7개의 글을 실었는데, 파악된 사례 중 필자 섭외가 가능한 분들 중심으로 모았다고 생각하시면 됩니다.

이번 12호는 제가 전체 기획과 필자 섭외를 맡아 진행했으므로 오늘 좌담회 진행도 제가 맡도록 하겠습니다. 개인적으로는 이번 호 주제나 오늘 좌담이 한국 농촌 정책에서는 매우 첨단적인 논의에 해당하고, 역사적으로 매우 중요한 자리라고 의미를 부여하고 있습니다. 본격적인 토론에 들어가기 전에 제가 쓴 원고를 중심으로 오늘 좌담의 쟁점으로 삼을 만한 내용을 설명해보겠습니다.

먼저, 우리가 왜 읍면 앵커조직에 주목해야 하고, 필요한지에 관한 부분입니다. 크게 세 가지로 설명할 수 있겠습니다. 첫 번째로, 앵커조직은 시군 단위에도 다양한 사례가 있겠지만, 우리가 특히 주목하는 것은 "읍면 단위 지역사회에서 여러 단체들의 네트워크 중심으로 역할을 수행하는 비영리 법인"입니다. 시군 단위로는 여러 성격의 단체들이 조직되어 있지만 읍면 단위로 내려오면 관변단체 말고 주민 스스로 만든 조직 사례가 전국적으로 많지 않은 것 같습니다. 드물지만 읍면 단위에도 앵커조직이 존재하고, 그런 조직이 지역사회에서 어떤 의미를 가지고 있고, 어떻게 설립되어 확장되어 왔는지, 그리고 앞으로 어떻게 발전해나가길 기대하는지에 대한 얘기를 나눠봤으면 합니다.

두 번째로, 농촌 정책의 생산자이자 전달자, 실행자의 기능을 읍면 단위에서는 어떤 조직이 할 수 있느냐에 관한 것입니다. 농촌 정책 측면에서 보자면 여러 가지 사업들이 정권 교체와 상관없이 계속 내려오고 있는데 농촌 현장의 실정과 잘 맞지 않는다는 문제가 있습니다. 정책과 현장 사이의 괴리가 매우 심각하고 주민들의 요구를 적극적으로 정책에 반영시키는 구조가 약한데, 이를 보완하는 역할로서 읍면 단위 앵커조직이 필요하다고 봅니다.

세 번째로, 주민자치운동 측면에서 보자면 지역사회에서 지속적으로 활동하며 주민들의 요구를 받아안아 실현할 조직이 필요한데, 우리는 여태껏 개별사업에만 집중하는 경향이 강했다는 반성입니다. '사람과 조직'이 소중하다고 항상 말하면서 사업에 집중하는 관성을 극복해야 할 것입니다. 우리가 오늘 주제로 삼는 앵커조직은 "읍면 농촌 사회에 기반을 두고 다양한 기관·단체와 협력구조를 만들어가면서 한편으론 행정과 파트너십을 형성할 수 있는 비영리 성격의 법인"이라고 정의할 수 있을 것 같습니다. 꼭 법인이 아니더라도 비영리 민간단체까지 포함할 수 있을 것입니다. 어쨌든 읍면 단위로 지역사회에 밀착해서 움직이는 비영리 네트워크 성격을 가진 법인들이 어떤 의미를 가지는지, 또 이를 어떻게 의식적으로 발굴, 육성할 것인지, 이런 지점에 대해서 토론해봤으면 합니다.

그리고 앵커조직의 개념과 사례와 관련된 의견입니다. 일단 앵커조직이라는 외국어 표현을 우리말로 어떻게 번역할 수 있을지, 아니 한국 농촌 사회에서 현재 보이는 사례들을 어떻게 불러야 할지 정리가 필요하긴 합니다. 그렇지만 유럽이나 미국, 일본 문헌에서 앵커조직이란 표현이 자주 등장합니다. 한국에서는 도시재생과 신활력플러스, 어촌활력증진사업 관련 문서 등에서 앵커조직이란 단어가 등장하는데, 정책의 기획자들이 주로 사용하는 지향이자 표현이었지 풀뿌리운동 차원에서 앵커조직을 의식적으로 다루는 수준까지 발전하지는 못했던 것 같습니다.

저희가 2024년 12월 운봉대회에 모여 공유했던 사례를 중심으로 유형화해보자면 크게 세 가지 정도의 구분이 가능할 것 같습니다. 첫 번째로 주민들 스스로가 여러 활동과 노력을 통해 네트워크 형태의 법인을 만든 이른바 상향식 사례입니다. 남원시 산내면의 사단법인 한생명, 아산시 송악면의 송악동네사람들 사회적협동조합 정도가 풀뿌리운동 과정에서 만들어진 앵커조직이 아닌가 싶습니다. 두 번째로 각각의 작은 조직들이 개별로 활동하다 지역사회에서 협력이 필요해진 상황에 대응해 네트워크 법인을 만든 사례입니다. 영광군 묘량면의 여민동락 공동체는 각각 활동하던 3개의 조직이 결합한 형태이고, 곡성군 죽곡면의 함께마을교육 사회적협동조합은 죽곡농민도서관에서 출발해 여러 가지 활동들이 결합하면서 교육자치, 마을교육을 지원하기 위한 법인으로 만들었습니다. 세 번째가 가장 사례가 많을 텐데, 정부의 정책사업과 연결되어 사전에 법인 설립 논의가 촉발된 사례입니다. 홍성군 장곡면의 함께하는장곡 사회적협동조합, 군산시 나포면의 사회적협동조합 나리포 등입니다. 다른 방식으로 분류하는 것도 가능하겠지만 일단은 주민자치운동에서 출발했던 사례, 각각의 작은 조직이 활동을 확장하면서 네트워크화된 사례, 정책사업을 염두에 두고 지역사회 단위에 효과적 대응을 위해 법인을 만든 사례로 구분해볼 수 있겠다 싶습니다.

나아가 이러한 법인들의 조직관리나 경영에 대한 토론도 해보면 좋겠습니다. 사례로 제시한 모든 법인들은 인건비를 어떻게 확보할 것이냐, 청년후계자를 어떻게 양성할 것이냐, 주민자치회 또는 행정과 어떻게 관계를 설정할 것이냐 등의 과제를 향후 발전 경로나 현재 활동에 있어 가장 큰 고민으로 가지고 있다는 공통점이 보입니다. 제 글에서는 정부의 정책사업들을 활용해 읍면 단위 앵커조직(법인)을 의식적으로 설립하는 방안, 앞의 세 번째 유형을 일반모델로 제시하고 있습니다. 정책사업을 활용하는 방식은 당연히 우려되는 지점도 있지만, 정책사업을 활용하지 않고 자생적으로 법인을 설립하는 사례를 일반화시키기에는 현실적인 한계가 많은 것도 사실입니다. 우리가 민간의 주도성을 쥐고 가겠다는, 그리고 긴장감을 가지면서 정부의 정책사업들과 어떤 방식으로 결합할지, 또 어떻게 활용할지 고민하는 것이 필요하다는 생각입니다.

특히 모든 읍면 소재지마다 짓고 있는 거점공간을 지역의 공유재산으로 요긴하게 활용하기 위해서는 거점공간의 운영 주체로 앵커조직을 설정하고, 이를 수탁운영하는 것이 가장 기본적인 경로로 볼 수 있습니다. 이 경우 거점공간 자체가 민간 자치활동의 거점이 되고, 관리위탁을 통해 앵커조직의 인건비와 기본 사업비를 확보하는 것이 가능해집니다. 보조사업을 받는 개념이 아니고, 우리가 지역사회를 위해 공익적으로 일하고 일한 만큼 권리를 요구하는, 그런 당연한 주권자의 권리 관점이 필요합니다. 공유재산관리법에 규정된 관리위탁과 사용수익허가 개념, 여기에 행정사무의 민간위탁제도를 잘 결합하는 방식으로 작게라도 인건비를 확보하면서 앵커조직으로서의 활동 안정성을 도모하자고 제안드립니다.

가장 큰 쟁점 중의 하나는 주민자치회와의 관계 설정 문제일 것입니다. 현재 주민자치회 전환이 전국적으로 매우 불균형하게 추진되고 있습니다. 충남의 경우 약 80%가 전환했지만 주민자치위원회조차 없는 지역도 전국에 여전히 많습니다. 주민자치회는 주민들이 토론하고 합의하며 의결하는 기구로서 대표성을 가지고, 이에 반해 앵커조직은 이를 실행하는 사업조직으로서의 위상을 가지는 것으로 저는 구분하고 있습니다. 주민자치회와 앵커조직이 어떻게 관계를 설정하고 결합할 것이냐가 앵커조직을 설립하고 운영하는 과정에서 매우 중요한 과제입니다. 갈등 자체를 피해갈 수는 없겠지만 적절한 긴장감으로 이해하면서 각각의 조직 정체성은 지역사회에서 토론하고 합의하는 과정에서 확립되어갈 것으로 이해합니다. 이번에 사례로 소개한 지역에서 이런 부분은 명확하게 드러나지 않지만, 매우 현실적이고 중요한 논의거리라 할 수 있습니다.

주민 일상생활에서 여전히 중요한 읍면 단위

구자인 이 정도로 이번 좌담의 배경 설명을 마치고 본격적인 토론에 들어가겠습니다. 첫 번째로, 우리가 읍면 단위에 존재하는 비영리 네트워크 조직에 왜 주목해야 하는지, 그 필요성에 대해 참석자분들의 의견을 들어보겠습니다.

김정섭 구자인 박사님의 글은 지방자치, 주민자치의 맥락에서 왜 읍면 단위가 중요한지 강조하셨는데, 저는 지금의 농촌 인구분포상 그럴 수밖에 없는 측면이 있다고 생각합니다. 지금 농촌 마을의 인구 구성을 살펴보면, 면 단위에서는 보통 절반쯤이 고령자, 또 그 고령자의 절반 이상이 독거노인입니다. 2000년대 초반에는 농촌 정책이 시행되는 장소 범위가 기본적으로 행정리나 법정리 수준이었습니다. 예를 들면, 농촌체험관광마을 육성사업이 그렇습니다. 곧이어 점차 2~3개 행정리를 묶어 권역사업을 하는 방식으로 단위가 커졌습니다. 과거에는 행정리 또는 권역 단위로 조금 큰 규모의 보조사업이 시행되어도 어느 정도 감당할 수 있었습니다. 그런데 지금은 인구 감소와 고령화로 인해 작은 장소 범위에서는 그런 보조사업을 추진하기 어렵습니다. 그래서 읍면 단위의 중요성이 더 커지고 부각되는 것 같습니다.

다른 측면에서, 지역사회라는 관념과 관련됩니다. 시골에서 보통 지역사회라고 하면 읍면 단위를 말합니다. 일본에서 커뮤니티 비즈니스의 단위가 얼마쯤이냐고 논의할 때도 중학교 하나를 둘러싼 생활권 정도라고 이해하는 게 적당하다는 잠정적 결론을 내리기도 했어요. 하지만 구자인 박사님이 말씀하신 것처럼 한국의 읍면에는 행정적, 정책적으로 자율적인 의사결정 권한이 없습니다. 그래서 농촌 정책사업이 읍면 단위로 시행되는 경우는 드물었습니다.

그렇지만 여전히 농촌 주민들은 지역사회라고 하면 머릿속에 읍면을 떠올리고, 많이 쇠락했지만 1차 중심지가 여전히 면사무소 소재지인 것은 분명합니다. 농촌 주민의 기본적인 소비생활은 아직도 주로 면사무소 근방에서 이루어집니다. 여전히 웬만한 물건은 면사무소 근방에 가면 살 수 있다고 생각합니다. 그랬던 일상이 상당 부분 침식되고 무너져 위태로운 수준이니, 읍면 수준에서 뭔가 대응이 필요할 때라고 생각합니다.

황종규 농촌에서 활동하거나 농촌을 고민하는 분들이 읍면을 중요한 단위라고 하는 것에 대해 저는 동의가 됩니다. 하지만 구체적으로 정책을 설계하는 자리에 있는 사람들에게 여전히 읍면 단위는 낯설고 모호하게 받아들여지는 것 같습니다. 이제는 조금 더 구체적인 논리와 근거를 만드는 것이 필요합니다. 김정섭 박사님의 이야기는 주민들이 1차적으로 필요를 해결하는 단위가 면 소재지 정도라는 것인데, 그런 생활상 수요와 행정적 수요는 다를 수 있겠다 싶습니다.

현재의 우리 읍면은 일제 강점기에 만들어진 것이기 때문에 행정 수요 중심으로 그 기능이 설계되어 있습니다. 처음에는 모두 면이라 불렀는데 일본인들이 많이 사는 지역을 '지정면'으로 했다가 나중에 읍으로 승격시킨 것이거든요. 그 과정을 보면 주민들 사이에서 자생적으로 자치적 수요가 생겨난 게 아니라 행정 관리적 수요로 구역을 정한 측면이 큽니다. 조선시대에는 통계 구역 개념이다가 조선총독부가 들어서면서 실제로 작동시킨 게 읍면 단위입니다. 그래서 어떤 분들은 읍면 단위가 중요하다고 하면 읍면 자체가 일제의 유산인데 우리가 지킬 필요가 있냐는 얘기도 합니다.

농촌에서 활동하는 입장에서는 면 단위가 가지는 자치적 의미를 찾아내는 것이 중요한 것 같습니다. 행정 수요 또는 행정 관리적 측면에서 이제 면 단위는 크게 의미가 없어지고 있습니다. 정부 쪽에서는 면사무소의 기능이나 역할을 줄이는 방향으로 가고 있죠. 면 단위로 무언가 하겠다는 계획은 상상조차 잘 하지 않아요. 오히려 면 단위 인구는 감소하고 있기 때문에 더 큰 단위로 묶어야 한다는 행정적 사고를 하고 있습니다. 자치적인 측면에서 보자면 내가 관심을 가질 수 있거나 영향을 미칠 수 있는 범위에서 정치가 작동하는 것이 바람직합니다.

1949년에 지방자치법이 제정되면서 읍면을 기초자치단체로 한 것에 대해 주민들은 자연스럽게 받아들이고 거부감이 없었거든요. 실제로 1952년부터 1961년까지 면 의회가 작동됐을 때 우리 손으로 뽑은 면장에 대해 존중하는 문화가 아직도 남아 있습니다. 아직도 농촌에서 면장을 어르신으로 대우해주는 관습은 일제 강점기의 영향보다 면장을 직선으로 선출했던 10년 역사가 더 큰 영향을 미쳤을 것으로 생각됩니다. 실제로 이번영 선생님이 당시 홍동면을 조사한 자료를 보면 독립운동을 하신 분이나 지역 내에 신망 있는 분들이 새로운 국가 건설에 기여할 분으로 추대되어 면 의원으로 많이 선출된 것을 확인할 수 있어요. 읍면장 직선제 10년의 역사를 아예 단절시켜놓고, 그 이후에 행정적 관리만 하다 보니 상업적 중심지가 더 큰 거점지역으로 옮겨가게 된 거죠.

지금이라도 주민 스스로 공동체적 자치 기능을 복원해내면서 읍면 단위의 정치 기능도 회복시키는 방향성이 필요하다고 생각합니다.

하지만 중앙정부나 자치단체 입장에서는 급격히 줄고 있는 농촌의 인구변화, 그리고 주민 스스로 목소리를 내는 것이 퇴화되어 있는 것이 현실이기 때문에 그들을 설득하기 위해서는 좀 더 정교한 논리와 과정이 필요한 것 같습니다. 중앙정부에서 지역 정책을 다룰 때 읍면을 이야기하면 불쾌해하거나 쓸데없는 이야기라고, 아예 정책 대상이 아니라고 생각하는 경향들이 강해지고 있기 때문입니다. 그들의 머릿속에는 이제 군郡도 통합해야 할 대상으로 보고 있는 상황이니까요.

김정섭 2017년에 홍성군 홍동면에서 500명 정도의 주민을 대상으로 대중교통 이용에 관한 설문조사를 진행한 적이 있습니다. 주로 승용차를 이용하는 층은 제외하고 30세 이상 여성과 노인들이 조사에 참여했는데요. 전체 대중교통(버스) 이용 횟수 중에 절반 정도가 홍동면 소재지로 가는 경우였고, 나머지 절반 정도가 홍성읍으로 나가는 것이었습니다. 홍동면 소재지에 이렇다 할 시설이 많지 않은데도 절반이면 상당한 수요라는 생각이 듭니다. (그만큼 아직 면 단위가 주민생활권으로 어느 정도 작동하는 셈이에요.)

구자인 면 인구가 계속 줄고 있기는 하지만 여전히 면을 건너뛰고 시군 단위로 가는 것은 규모가 너무 큽니다. 홍성군만 해도 인구가 10만 명 정도이고 11개 읍면이나 되는데 주민들의 일상적인 생활 동선動線을 고려하면 여전히 읍면이 중요한 단위라는 생각이 듭니다.

김정섭 중앙정부 부처 공무원들이 농촌 주민의 일상생활을 충분히 이해하지 못한 탓도 큽니다. 농촌을 경험하지 않은 도시 출신 공무원은 면이 농촌 주민생활의 중심이 될 수밖에 없는 현실을 체감하지 못해요. 고무장갑이라도 한 켤레 사려면 면사무소 건너편에 있는 농협 하나로마트까지 나가야 한다는 사실이 잘 인지되지 않는 거죠. 농촌에 사는 우리에게는 중요한 문제지만 정책을 만드는 사람들은 생각이 다른 것 같습니다.

구자인 제가 진안에 있을 때 용담댐이 생기면서 총 6개 면사무소가 이전하고, 어느 면은 하나 남은 초등학교마저 없어져 진안읍으로 통합되었어요. 그런데 초등학교가 없어진 면을 인근 읍이나 면에 통합하자는 이야기가 있었어요. 그런데 주민들이 절대로 안 된다고 반대를 심하게 했어요. 우리나라에서는 읍면의 일부 경계지역을 조정한 사례는 있지만 면을 통합한 사례는 아직 없어요. 그만큼 면을 없애고 통합하는 것이 정치적으로 어렵다고 볼 수 있는데, 그마저도 10년 정도 지나면 지키려고 하는 주민들이 남아 있을까 하는 생각도 듭니다.

금창영 참석자분들의 의견에 대부분 동의하지만 젊은층의 소비 패턴은 좀 다른 것 같아요. 어르신들은 하나로마트를 이용하지만 젊은층은 인터넷 쇼핑을 많이 하니까 면 중심지라는 개념이 많이 희석되고 있는 것 같습니다. 홍성의료복지사회적협동조합에서 운영하고 있는 우리동네의원이 금평리 마을에서 면 중심지로 이전한 이후로 이용객이 늘어난 것은 교통이 편해진 이유도 있지만 마을 안에 있으면 마을의 것, 중심지에 있으면 우리 모두의 것이란 개념이 크기 때문인 것 같습니다. 보다 공공성 있는 기관으로 받아들여지는 거죠. 면의 기관단체장 회의에 가보면 대부분 면 단위의 고민을 하긴 하는데 그것이 지역살이의 일상과 필요를 충분히 담아내지는 못하고 있는 것 같습니다.

정민철 농사짓는 사람의 개인적인 경험으로 보면 하루 이동 동선이

10km를 잘 넘지 않습니다. 일주일에 한 번 정도 읍내에 필요한 물건을 사러 나가거나 일을 보러 나가는 정도구요.

또 다른 기억을 꺼내보자면 예전에는 문당리, 풀무생협 등 마을이나 단체 키워드가 주로 사용되다가 2007년 정도부터 홍동면이란 단위가 부각되기 시작했습니다. 의식적으로 홍동면이란 단어를 부각시켜려고 노력한 것도 있습니다. 왜냐하면 마을 단위에서는 문중 등의 사적관계가 공적인 의사결정에 영향을 끼치는 구조적 한계를 가지기 때문에 좀 더 공공성을 확보하기 위해 '리'보다 넓은 구역, 즉 면을 상징화하는 것이 필요하다고 생각했습니다. 사실 일본에서 사용하고 있는 초등학교권 정도가 더 실용적일 수 있겠다고 생각이 들지만, 우리나라에는 그런 개념이 약하니 어쩔 수 없이 면이라는 단위를 사용한 거죠. 나중에는 홍동면이란 단어가 일반화되면서 옆에 있는 장곡면이 상대적으로 소외되는 측면이 생기는 것 같아 두 면이 함께 하는 자리에서는 의식적으로 '우리 마을'이라는 표현을 사용했습니다. 사람들이 지역에서 필요한 활동을 할 때 꼭 행정구역 단위로만 뭘 해야 하는 건 아니잖아요. 면을 중심으로 벌어지는 일도 있고 친환경농업 같은 활동은 행정구역 단위에 구애받지 않고 민간끼리 네트워크도 만들고 협력하면서 발전해야 한다고 생각합니다.

금창영 농촌에서 마을이라고 할 때에는 행정리를 먼저 떠올리는데 홍동면을 '우리 마을'이라고 한 표현은 당시로서 획기적이기도 하고 한편으로는 어색하기도 했던 기억이 있습니다. 면 소재지는 면사무소에 나와 행정적 처리를 하고 물건을 사는 행위를 뛰어넘어 심리적으로도 중심지 역할을 하고 있다는 생각이 듭니다. 지금의 패턴대로 간다면 면 소재지에서 철물점, 전파상, 농기계 수리점 등등이 점점 줄어들 테고, 그때는 농촌 생활의 모습이 달라지지 않을까 싶습니다.

김정섭 우리나라에 1,200개가 채 되지 않는 면이 있는데 평균 면적이 60㎢ 정도입니다. 생활반경 10km라는 말은 면적 60㎢와 얼추 맞아떨어집니다. 60㎢는 서울시 관악구의 2배 크기입니다. 그러니까 농촌 면 지역의 면적은 평균 관악구의 두 배인데 일상적 소비재를 구매하는 게 불편하다는 말입니다. 그보다 더 심각한 것은 어린이집 같은 경우입니다. 농촌에서 만 6세 이하 영유아를 맡기려면 반경 60㎢를 매일 오가야 한다는 얘기가 되죠. 서울시 관악구 봉천동에 사는 부모가 날마다 오전에 동작구 어딘가에 있는 어린이집에 자녀를 등원시키고 오후에 데리러 가야 하는 꼴입니다. 이런 상황이면 일단 아이가 있는 사람들은 그 동네에 살기 어렵습니다.

최근 통계를 보니 1,400여 개 읍면 중에 어린이집이 하나도 없는 읍면이 511개에 달합니다. 대부분 면 지역입니다. 기술이 아무리 발달한다고 해도 어쩔 수 없이 물리적 한계 안에서 이루어질 수밖에 없는 생활이 있는데, 이런 환경이 향후 그 지역 인구 변화에 어떤 부정적인 영향을 끼칠지 생각해볼 부분이 많다고 봅니다.

앵커조직의 가장 중요한 역량은
네트워킹과 효능감 제공

구자인 지금 왜 읍면이 중요한가에 대해 배경이 되는 이야기를 나누고 있는데요. 마을 분들이 지역의 문제를 풀어가는 방식을 볼 때 전통적으로는 가까이 있는 마을사람들끼리 자체적으로 풀어가는 방식이 있고, 행정과 결합하거나 혹은 압박하는 방식이 있다고 봅니다. 특히 친환경농업 등과 같이 규모화할 필요가 있는 일들은 행정과 협의·조정하거나 파트너십을 만들어가는 과정이 필수적입니다. 개별적인 활동의 한계를 느끼면서 어떻게 협력하고 중복을 피하면서 우리끼리 규모화를 이룰 것이냐 하는 흐름들이 나타나기 시작하는 것이죠. 그러면서 면 전체의 발전을 의식적으로 고민하는 사례들도 나타나고, 그러한 활동의 중심이 되는 조직을 지금 앵커조직이라고 부르는 거죠. 그 앵커조직의 중심성이 얼마나 높은지, 얼마나 도덕적 권위를 가지는지, 아마 지역마다 다양한 평가가 있으리라 생각됩니다.

지금까지 농촌지역에서 벌어진 대부분의 활동은 면을 아예 뛰어넘어 시군 단위의 활동가 중심으로 이뤄져왔는데, 그런 조직의 대부분은 읍면 단위의 뿌리가 없거나 약한 경우가 태반이었다고 생각합니다. 우리가 자치운동을 통해서 만들어냈다는 점에서는 성과라고 할 수 있지만, 읍면 뿌리가 취약한 조직은 주민 실생활과 분리되기 쉽고, 또 주민들이 직접 참여하거나 주도하여 직접 지역문제를 해결하기에는 한계가 크다고 봅니다. 그러한 평가 속에 우리는 읍면 앵커조직을 의식적으로 주목하고 논의해야 한다고 생각합니다.

김정섭 "닻을 내린다", "뿌리가 된다"라는 뜻에서 '앵커'라는 표현을 쓰고 있는데 좀 더 세밀하게 구분해봐야 한다고 봅니다. 읍면에는 이미 조직들이 많습니다. 지역사회보장협의체, 자율방범대, 의용소방대, 청년회, 노인회 등이 있는데, 우리가 그런 조직을 앵커조직이라고 부르진 않잖아요. 그러면 앵커조직은 도대체 무엇을 말하는 것일까요? 그 면의 주민들이 구성원이고 그 면에서 활동하면 다 앵커조직이라 부르기는 어려울 듯합니다. 면 단위에 형성된 조직 중 대부분은 직업에 따라 뭉쳐 자신들의 권익을 옹호하는 직능단체나 청년회, 노인회 등 인구사회학적 특성을 공유하는 주민들이 모인 단체입니다.

저는 구자인 박사님이 말한 '네트워크'라는 표현에 더 천착할 필요가 있다고 봅니다. 각각의 구성원들이 사회학적 특징이나 직업에 따라 뭉치고 활동하는 것은 당연한 일이지만, 그것 자체로 읍면 전체를 위한 의미 있는 활동이라고 보기에는 뭔가 부족합니다. '커뮤니티 필드community field'라는 개념이 있습니다. 번역하자면 '지역사회의 장場'이라 할 수 있습니다. 각자의 고유한 이해관계나 역할을 넘어서 지역사회를 중심에 놓고 실천하는 사람들이 모여 있는 상태, 그것을 커뮤니티 필드가 형성된 상태라고 할 수 있습니다. 정민철 선생님의 표현으로는 공공적인 것을 다루고 수행하는 조직, 이것이 바로 앵커조직이 아닐까 생각합니다.

정민철 여러 사회 서비스 기능이 부족한 농촌 현실에서 앵커조직의 활동 영역은 다양할 것이라 생각합니다. 그럼에도 앵커조직의 핵심 역량은 네트워킹이 아닐까 합니다. 누구와 네트워크를 만들 것인가라고 하면 기존 농촌지역 단체들과의 연결을 먼저 생각해야 합니다. 실제 존재하는 다양한 성격의 단체 사이에서 연결고리를 만들고, 그 연결성을 강화할 수 있느냐는 상당히 난해하고 복합적인 일이거든요. 부녀회나 노인회가 동네에 빨래방이 필요하다고 말은 할 수 있지만, 그것을 실현해내는 실행 능력은 별개인 거죠. 특정 활동을 구현한 다음 이를 잘 운영하는 것도 중요하지만, 실은 이 역할을 대신 할 수 있는 단체를 육성하고 그 역할을 넘겨주는 것이 필요합니다. 말하자면 마을에 필요한 일을 발굴하고 초기에 역할을 하다가 이를 잘 수행할 수 있는 단체에 역할을 넘겨주거나 지역에 필요한 단체를 육성하는 기능이 필요합니다. 이후 단체 간 연대와 협력을 강화하는 역할 역시 초기 앵커조직의 중요한 기능이라 생각합니다. 많은 단체가 목록에 있지만 실제적인 활동력이 부족한 단체가 다수인 현재의 농촌 지역사회 현실에서 우선적으로 필요한 것이 앵커조직이라고 생각합니다.

앵커조직이 인큐베이팅한 단체는 당연히 연결성이 높을 것이고, 그런 방식으로 시간이 지나면 지역 내 단체가 지속적으로 만들어지면서 네트워크가 점점 더 확장되면 지역사회의 재구조화가 일어나는 거죠. 개별 조직이 각각 원래대로 그 자리에 있더라도 그들 간의 관계망이 강화되는 상태를 만드는 것이 현재 농촌에서 우선적으로 필요로 하는 앵커조직의 역할이었으면 합니다. 사업의 영역을 지속적으로 확장해가는 것이 아니라 지역사회 전체를 보면서 자신의 역할을 미세하게 재조정하고 역할을 분리시키고 또 니즈Needs를 새롭게 찾아내는 기능을 해야 합니다. 규모를 확장하는 것이 아니라 분화와 연결을 지향하는 활동이 네트워크 조직으로서 앵커조직의 활동 방식이라 생각합니다. 네트워크란 연결 그 자체이고 실체가 없는 것 같습니다. 사람은 보통 자신이 소속된 조직을 강화, 확장하고 유지해야 한다는 강박감을 가지고 있거든요. 그것을 스스로 극복해야 하는 거죠. 경우에 따라 내가 속한 조직을 해체하는 것이 필요하다면 그것을 받아들이는 자세가 네트워크를 잘하는 방식인 것 같습니다.

그리고 우리가 농업 관련 사업을 추진할 때 일반적으로 영농조합법인을 만드는데, 보통 영농조합법인은 법정리나 면 단위를 넘어서 조직하지 않습니다. 정책사업을 통해 수없이 만들어진 것이 영농조합법인이고, 여기에 지역주민의 다수가 참여하고 있을 텐데, 왜 아직도 그 조직들의 공공성은 취약한지 생각해봤습니다. 정부는 개별 농민이 조직을 통해 규모화하고 공공성을 가지도록 유도하려는 의도로 정책사업을 추진할 때 법인 설립을 권장하지만, 다분히 형식적이고 조직의 지속성에 대해서는 상대적으로 관심을 덜 가지고 있는 듯합니다. 또 사업 추진을 위해 무슨 무슨 추진위원회를 만들지만 사업이 완료되면 해체하는 것을 관행으로 여기니 결국 지역에 살아남는 조직이 없습니다. 한편으로 2012년에 협동조합기본법이 제정된 후에는 법인 설립이 간편해져서 오히려 남용된 측면도 있는 것 같습니다.

구자인 정부가 지원하는 방식에 문제가 있는 것은 사실이지만 우리가 읍면 단위로 어떤 활동을 해보고자 할 때 정부 정책사업을 활용해야 할 필요는 여전히 있는 것 같습니다. 조직화 과정에서 예전에는 영농조합법인이나 농업회사법인 형태가 주로 활용되었지만 이제는 협동조합, 사회적협동조합 형식으로 선택지가 넓어진 거죠. 지금까지 앵커조직의 개념과 역할, 기대사항 등을 중심으로 이야기를 나눠봤습니다. 추가 의견 주시면 좋겠습니다.

금창영 제가 홍성의료복지사회적협동조합 이사장을 하고 있는데요, 우리 의료사협이 30가구 정도를 선정해 조합원들의 자원봉사로 2주에 한 번씩 반찬 배달을 하고 있어요. 사실 반찬 배달은 적십자회에서도 이미 하고 있는 일인데, 그쪽은 반찬을 만들어낼 수 있는 시설과 능력은 있지만 배달할 수 있는 사람이 한정적이라는 문제를 안고 있어요. 또 행정에서 가라는 가구만 가야 한다는 제한도 있어요. 이장님들 만나서 요구사항을 들어보면 기존의 배달받는 가구와 안 겹치게 조정해달라는 말씀을 가장 많이 하세요.

　면사무소 복지 담당과 이야기해보면 개별적, 산발적으로 복지서비스가 이뤄지는 듯한 느낌도 듭니다. 그래서 요새는 지역에서 복지와 관련해서 각자 역할을 하는 조직들이 서로 고민도 나누고 공동의 사업을 추진하며 협력할 수 있는 열린 자리가 필요하다는 생각을 많이 합니다. 홍동면의 경우에는 마을활력소에서 주관하는 지역단체들의 실무자 모임인 달모임이나 주민자치회 등에서 면 전체 복지와 관련한 이야기가 오가지만 논의 내용이 한정적이거나, 아직 초기라는 한계가 있습니다. 그런 고민을 발전시키는 과정에서 앵커조직이 만들어지는 것이 아닐까 싶습니다.

김정섭 앵커조직이라면 그 단계에서 조금 더 나아가야 한다고 생각합니다. 모여서 정보를 수집하고 의논하고 조율하는 일은 당연히 필요하지만, 조율된 내용이 구체적인 활동으로 실현돼서 효능감을 주는 단계까지 가야 합니다. 특히 농촌에서는 효능감을 주는 것이 중요한 문제입니다. 이미 무너지기 시작한 농촌 지역사회에서는 초기 단계에서 작은 효능감이라도 줄 수 있는 조직이라야 지역사회에서 인정받을 수 있습니다.

황종규 지금 시기를 지나면 실제로 한국에서 면 단위 지역사회가 없어질 수 있다는 위기감이 있습니다. 이것은 조성된 위기감이 아니라 실존하는 것입니다. 사는 동네가 없어지면 그냥 다른 데로 이사 가면 되는, 그런 간단한 문제가 아니에요. 홍성군 입장에서 몇 개 면에 사람이 살지 않거나 살기 어려운 곳이 되었을 때 과연 홍성군은 유지될 수 있는가에 대해서 깊이 고민해야 합니다. 면 단위 소멸에 대응하기 위해 현장에서 활동하는 분들이 찾아낸 해법 중 하나가 앵커조직을 양성하는 것이라 생각합니다. 한국에서 면 단위 앵커조직에 주목하는 현실적 필요성 중 하나는 면사무소가 정치적 자치적 관점에서 실체가 없는 조직이고 행정적으로도 점점 실효성이 없는 조직이 되고 있다는 점입니다. 면 단위의 활력을 만들거나 지켜내는 힘을 구축하는 데 있어 핵심 역할을 하는 공공조직이 부재하다는 것이죠. 1961년부터 읍면을 자치단체에서 제외하고 단순한 행정기구로 전환하면서 면 단위의 정치적 책임자가 없어진 겁니다.

우리 면의 생활기반시설이 부족하거나 다른 문제가 생기면 지역 여론을 만들고 군청에 가서 요구하는 주체가 없다는 겁니다. 시장적 기능은 계속 도시로 빠져나가고 온라인 등으로 편리해지고 있기 때문에 결국 면 단위에서 중요한 기능으로서의 정치력을 복원하는 일이 굉장히 중요할 것이라고 생각합니다. 읍 단위는 아직 경과를 지켜볼 여유가 있지만 면 단위는 시급하게 정치적 공간을 열어줘야 합니다. 그래야만 '내발적 복원력'이 작동할 수 있다는 겁니다.

면이 자치단체가 되었다고 가정해도 여전히 앵커조직은 필요하다고 봅니다. 주민들의 다양한 의견에 대해 토론하고 의결하는 기능을 가진 의회 성격의 주민자치회와 실행 능력을 가진 앵커조직이 파트너십을 갖지 않으면 인정받는 활동이나 효능감 있는 활동을 하기 어려우리라 예상됩니다. 일본의 경우 정·촌町·村 단위에서 성과를 내고 있는 거의 모든 사례는 자치단체와 결합된 NPO가 활발하게 활동하거나 자치단체가 출연한 제3섹터 법인들이 실행의 문제를 다루고 있습니다. 영국학자들의 자료에 의하면, 인구 5천 명 수준이 되면 정치적 단위가 필요하다고 진단하고 있고, 일본 사례 역시 앵커조직의 자치적, 정치적, 사회적 역할의 중요성을 언급하고 있습니다.

구자인 박사님이 앵커조직은 네트워크 형태여야 한다고 얘기하셨는데, 대표성과 공공성을 확보하는 유용한 방법론이라 생각합니다. 제가 흥미 있게 봤던 사례가 당진시 고대면 주민자치회 사례인데, 지역의 민간단체들과의 협업을 통해 결과적으로 주민자치를 강화하고 있기 때문입니다.

고대면은 주민자치회에 어떤 사업이 계획되거나 보조금이 들어오면 주민자치회가 직접 집행하는 것이 아니라 직능단체나 민간단체에 사업을 일임하고 잘 실행되고 있는지 점검하는 역할을 주로 합니다. 그런 방식이 오히려 주민자치회의 영역과 역할을 강화하는 되먹임 구조를 만드는 것 같습니다. 앵커조직이 지역에서 영향력 있는 단체와 경쟁하는 방식보다 협력하는 방식이 좋은 출발이고 경로일 수 있겠다는 생각입니다.

앵커조직의 재정과 활동 방식은 어떠해야 하나

구자인 지금까지 읍면 단위 앵커조직의 필요성과 바람직한 역할, 일하는 방식 등에 대한 논의를 이어왔습니다. 지금부터는 이번 학회지에 실린 7개의 구체적 사례를 검토하면서 우리가 주목해야 할 지점과 향후 방향성에 대해 논의해보도록 하겠습니다.

황종규 이번 학회지에 소개된 7개 사례를 읽어보면 해외의 어떤 사례와 비교해도 뒤지지 않는다는 생각이 듭니다. 오히려 멀리 있는 군청이나 중앙정부와 별개로 읍면 단위에서 이뤄낸 사례이기 때문에 더 훌륭하다고 볼 수 있습니다. 소개하고 있는 사례의 공통점은 20년 정도의 시간이 필요하다는 점, 그 20년 전에 유력한 누군가가 결합되거나 마을로 들어갔다는 점입니다. 요새 로컬크리에이터Local Creator라는 표현을 많이 쓰는데, 사례로 소개된 지역의 활동가들이야말로 대한민국 제1기 로컬크리에이터였다고 생각합니다. 최근에는 비즈니스 관점으로 접근하는 경우가 많은데, 20년 전 그들의 동기는 대부분 교육문제 해결이었어요. 내 아이를 위해 지역사회 활동이 필요했고, 그래서 필연적으로 협력과 교류를 중요한 수단으로 사용했었네요. 다만 과거와 달리 지금의 로컬크리에이터들은 지역 안에서 최소한의 협력만 하며 자기 비즈니스 모델을 각자 실현하려는 것이 큰 차이라 할 수 있죠.

구자인 박사님이 공적 지원을 받는 문제에 대해 조심스럽게 다루며 활용해야 한다고 언급했는데, 저는 보조금이나 위탁금 아닌 다른 접근 방법도 있다고 생각합니다. 영국이나 유럽의 사례를 보면 사회적 투자의 관점에서 보조금이 아닌 융자와 투자 형태가 많이 활용되고 있습니다. 민간과 공공이 함께 출자하는 경우도 있습니다. 또 앵커조직에 공공재산의 매각이나 매입 우선권을 부여하는 것을 법제화하는 등 법적 권한을 부여하는 방식도 빠른 속도로 확산되고 있습니다. 그리고 민간의 사회공헌기금이나 임팩트 투자 같은 흐름에 앵커조직이 어떻게 결합할 것인가, 이런 문제도 그 가능성을 찾아보고 연결하는 노력을 적극적으로 해야 한다고 생각합니다.

금창영 지역에서 보조금사업은 약이 되기도, 독이 되기도 하는 것 같습니다. 요즘은 상향식으로 사업을 추진한다는 명분으로 주민들이 모여 학습하고 토론하고 발전계획도 세워야 하는 막중한 과업이 주어지는데, 이런 것이 한편으로 버겁고 힘든 일이라는 생각도 합니다. 내발적 발전이란 것이 말은 좋은데, 이렇게 어려운 방식밖에 없나 하는 거죠. 새로운 일을 또 시작해야 하나 겁도 납니다.

김정섭 주민들이 모여 추상적으로 발전 방향을 의논한다고 문제가 쉽사리 해결되지는 않을 것입니다. 하지만 당장 지역사회에는 특정 조직

만의 힘으로는 해결할 수 없고, 그 문제가 해결되지 않으면 면민 전체의 일상생활이 상당히 괴로워지는 의제agenda가 여럿 있습니다. 그런 의제를 놓고 주민들 스스로 연대하는 과정에서 더 구체적으로 접근하면서 모두의 필요를 충족하는 공공성을 확보하는 것이 중요하다 봅니다.

농촌학교 문제를 예로 들어보겠습니다. 전교생이 60명 이하면 '작은 학교'라고 부르는데, 현재 농촌 면에 있는 초등학교 중에 전교생 60명 이하인 경우가 71.1%입니다. 더 끔찍한 사실은 전교생 20명 이하인 경우가 19.9%라는 겁니다. 반면에 초등학교가 한 개도 없는 면은 의외로 적어 1,200개 가까운 면 중에 11개밖에 없어요. 하지만 전교생이 20명 이하라면 당장 폐교 대상이기 때문에 앞으로 몇 년 안에 면 단위 초등학교 중 상당수가 빠르게 사라질 위기에 있습니다. 그 지역 초등학교의 폐교가 교육 수혜자인 학생과 학부모만의 문제가 아니라는 점이 중요합니다. 이미 초등학교가 사라진 11개 면의 인구 통계를 살펴보니, 학교가 없어지면 10세 미만과 30대 전입 인구는 폐교 전과 비교해 당장 절반 이하로 떨어진다는 점을 발견했습니다. 초등학교 폐교는 교육 문제이지만 지역사회의 입장에서 보면 인구학적 위기 상황을 돌이킬 수 없이 악화시키는 중대한 문제이기도 합니다. 학교가 없는 지역에 젊은 학부모 가정이 이사 올 가능성은 극히 낮기 때문입니다. 그러니 초등학교 문제는 농촌 지역사회의 중요한 의제입니다.

지금 농촌 사회의 가장 시급한 의제는 학교교육과 돌봄 문제입니다. 영광군 묘량면의 여민동락공동체 사례를 보면 앵커조직이 중심이 되어 다양한 처지의 사람들이 함께 모여 지역의 폐교 문제에 집단적으로 대응해서 일정한 성과를 만들었어요. 결론은, 지역사회 안에서 다양한 이해관계를 가진 사람들을 끌어모아 같이 움직이면서도 공공성을 확보해가는 중심 조직, 즉 앵커조직이 필요하다는 겁니다.

정민철 어떤 조직이든 조직 내부의 결속이 강해질수록 외부에 안티anti 세력이 많아질 수밖에 없습니다. 그래서 앵커조직이 지역 내 다른 조직과의 연계성을 강화시켜가는 것이 맞는 방향이라면 조직의 개방성도 상당히 중요하다는 생각입니다. 황종규 박사님이 외부 활동가의 유입을 말씀하셨는데, 어떤 면에서는 반대로 개방성을 가진 앵커조직이 있어야 외부 유입도 촉진된다고 말할 수 있을 것 같습니다. 지역에 정착하려고 하는 청년들이나 조직이 있다 하더라도 로컬리티locality를 알려주고 손 잡아줄 앵커조직이 없다면 뿌리내리기가 쉽지 않을 것입니다.

저는 앵커조직이 대표성과 권위는 기존의 주민조직에 양보하고, 전문성과 실행력을 가지는 것이 더 중요하다고 생각합니다. 공공성도 물론 필요하지만 상대적으로 주민자치회에 더 중요한 가치인 것 같고요. 앵커조직은 단순하게 사업 추진을 하는 조직이 아니라 끊임없이 학습하고 교육하는 조직, 그것을 통해 전문성을 강화하면서 외부와 연결하는 조직이 되어야 한다고 생각합니다.

구자인 지금까지 좌담회에서 우리가 읍면 단위에 주목해야 하는 이유와 앵커조직이 가져야 할 활동의 방향성, 자세 등에 대해 이야기를 나누었습니다. 못다 한 논의가 아직도 많이 남았지만, 오늘 자리를 지속적인 논의의 출발점으로 생각해야 할 것 같습니다. 향후 읍면에서 실제로 활동하고 있는 앵커조직의 실태를 더 깊이 살펴보면서 애로사항과 문제점, 공동의 해결 방안도 심도 있게 토론하는 자리를 다시 마련해야 할 것 같습니다. 7월 일본 시마네 연수도 이번 주제와 연결되어 진행되는데, 『마을』 12호 주제를 기반으로 계속 토론하면서 한 걸음씩 나아가면 좋겠습니다. 긴 시간 수고하셨습니다. 감사합니다.

안현경 a.k.a. 훙성통을 위한 구직

서평 책 너머 삶을 읽다

a.k.a. 홍성통을 위한 규칙

안현경

『급진주의자를 위한 규칙』
—현실적 급진주의자를 위한 실천적 입문서
사울 D. 알린스키 지음
박순성·박지우 옮김 | 아르케 | 2016

홍성에는 2011년 홍성신문 기자로 내려왔다. 농촌도 기자도 처음이었던 나는 2년여 동안 900여 개의 기사를 쓰며 지역에 대해 신나게 배우고 써댔다. 그때를 돌아보면 떠오르는 일화 하나, 정민철 선생님이 채담이 농장 한 곳을 빌려 '세남자가사랑한쌈채소(현 젊은협업농장)'를 막 시작하고 있었는데, 조대성, 유성환과 같이 터널을 만들고 있던 모습이 하도 막막해 보여서 "그게 되겠어요?"라고 말했더랬다. 정 선생님은 그 뒤로 자주 그 일을 언급하며 창대해진(?) 젊은협업농장과 함께 싸가지 없던 내 모습을 되짚어주신다. (재미있게도 정 선생님 역시 홍성통을 보고 "이게 되겠나?"라고 말씀하신 적이 있다.)

당시 내가 맡은 분야가 사회, 농업 등이어서 농정발전기획단의 존재도 일찌감치 알고 있었다. 그러다 2013년 친환경농정발전기획단으로 들어가게 되었다.

기획단에서 나에게 준 역할은 거버넌스 '홍성통'의 행정 코디네이터였다('홍성통'이라는 이름은 내가 들어가서 정했다. 그전에는 거버넌스 준비위원회, 협의회 등의 이름 후보가 있었다. 뭔가 그럴듯하면서도 모호한 이름이 좋을 거 같다고 생각해서 제안했고 전영미 박사님이 바로 받아들여주셨다). 거버넌스는 기획단 전문위원이셨던 전영미 박사님이 기획하신 정책 과제였다. 내가 들어가고 정확히 한 달 반 뒤에 전영미 박사님은 퇴직하셨고 일선 공무원들이 "거버, 거버 무슨 회의 간다" 하고 말할 만큼 생소하고 비웃음마저 사던 시절이었다. 그리고 그들을 설득하기엔 나 자신이 거버넌스나 나의 역할에 대한 이해가 정립되지 않은 때였다.

책이나 자료를 보면 볼수록, 거버넌스는 다양한 주체들이 협의를 통한 의사결정에 참여하는 시스템으로, 응당 나누어야 할 재화와 권력이 있고 정해진 주체가 있으며, 어떤 과정과 시간을 거쳐 결론을 내고 어떤 절차로 실천해낼 것인지를 담보할 실행 기관이 있어야 했다. (그래서 그때 유정규 박사님조차 "그게 거버넌스인지는 모르겠지만"이라고 말씀한 기억이 있다.)

그런데 내가 받아든 '홍성통'은 그런 것이 아니었다. 그저 매번 정기적으로 자료를 공유하고 결론이 나지 않는 이야기를 나누었다. 추진하는 주체는 따로 있고, 진지하게 알고 논의에 참여하는 사람은 없고 그냥 별 관심 없는 사람들이 모여 있는 것 같기도 했다. 참여하는 주체도 제각각이었고 논의는 매번 결론 없이 끝나기 일쑤였다. 논의 후 그것을 꼭 반영할 필요도 없었다. 그런 거버넌스를 내가 맡게 된 것이었다. 혼란스러워하는 나에게 전영미 박사님은 "10년은 해야 뭔가 보이겠죠. 하루아침에 되면 다들 했게요?" 하고 해맑게 웃으셨다. 혼란스럽던 그때 만난 책이 바로 이 책『급진주의자를 위한 규칙』이었다. 오바마의 선거 전략에서 언급된 알린스키라는 이름에 흥미를 느껴 찾아 읽게 된 이 책은 내가 홍성통의 운영에 필요한 실천적 규칙들이 잔뜩 들어 있었다. '조직가'를 '마을만들기 활동가'로 바꾸어 읽어도 무리 없게 느껴졌다.

빈민운동과 홍성통의 평행이론

가난한 가정에서 태어난 알린스키는 엄청난 실천가였다. 범죄학을 공부하기 위해 직접 범죄조직에 들어가고, 노동운동에 대해 쓰기 위해 노동현장을 찾아갔다고 한다. 빈민지역의 공동체 조직 운동을 통해 3년이면 조직을 만들 수 있다는 그가 거쳐 가면 어김없이 빈민조직이 만들어졌다고 한다.

이 책은 환갑이 넘은 알린스키가 당시 베트남전에 찬성하고 케네디가 암살당하는 미국의 정치판에 절망하는 젊은 청년들에게 보내는 메시지로 쓰였다. 서문에서 알린스키는 다음 셋 중 하나를 하라고 말한다.

"첫째, 가서 통곡의 벽을 쌓고 자신을 위로하라. 둘째, 미쳐버린 후 폭탄을 투척하라. 하지만 그 방법은 사람들을 우파로 돌아서게 만들 뿐이다. 셋째, 교훈을 얻어라. 고향으로 가서 조직화하고 힘을 모아 다음 전당대회에서는 너희 자신이 대의원이 되어라."

그리하여 세 번째를 택한 사람들을 위해서 이 책을 쓴다.

보통 누군가가 대단하다고 하면 그 대단함에 관해서만 얘기하지, 디테일은 잘 얘기해주지 않는다. 학원에서 커리큘럼은 공유할 수 있어도 어떻게 반사회적 행동의 집합체인 아이들을 상대하고 학부모들을 설득하는지는 얘기하지 않는다. 소위 영업기밀이다.

이 책이 말하는 영업기밀은, MBTI 유형 중 생각만 요란한 나 같은 얼치기 극직관형(N)·사고형(P)의 사람에게, 이런저런 생각 말고 공감하고(F) 현장에서 나오는 메시지들을 감각해서(S) 시행착오를 겪으라는 것이었다. 조직 내에서 같이 부대끼는 사람들의 이해관계를 알아내고 그들을 움직일 수 있는 다양한 전술, 그러기 위해 우리가 알고 있었던 단어들을 다시 생각해보게 했다.

알린스키는, 보수주의자는 자기가 믿는 것을 실천하는 데 시간을 보내고, 진보주의자는 자기의 생각을 말하는 데 시간을 보낸다고 말한다. 조직가는 말만 하는 것에서 나아가 지향을 갖고, 수단과 목적을 설정하며 그와 관련된 단어들의 뜻도 다시 돌아봐야 한다. 그리고 조직가의 자질에 대해 즉, 어떻게 교육할 것인지, 어떻게 의사소통할 것인지, 어떤 전술을 사용할 것인지를 써두었다. 재미있게도 이런 팁들은 전영미 박사님의 홍성통 운영 방법과 비슷하게 느껴지는 부분이 있었다.

단어들에 관하여

알린스키는 「단어들에 대해」라는 챕터에서 '**힘(권력)**, **자기이익**, **타협**, **자존심**' 등에 대해 언급한다.

권력과 자기이익. 나는 행정 코디네이터였고 누구보다 공무원들이 자기이익에 얼마나 민감한지 알아야 했다. 행정조직의 구성원은 권력에 민감하다. 그리고 그 안에서 개인의 승진과 성과라는 자기이익을 좇는다. 아무리 좋은 일이어도 장기간에 걸친 일이고 뜬구름 잡는 일이라면 관심을 보이지 않았다. 그만큼 당면사항이 많고 그 안에서의 수(세력) 싸움만 해도 피곤하기 때문이었을 것이다. 이것을 고려하여 전 박사님은 홍성통의 논의 과정을 문서화하고, 그것을 공모사업에 요긴하게 쓸 수 있도록 만들어놓으셨다. 공모사업은 행정에서 성과라고 불리는 부분으로, 이로 인해 행정이 당장 홍성통의 테이블에 나올 구실을 만들어주었다. 새로운 공모사업은 정책을 그리기가 가장 쉽다. 보통 한 개 부서에서 공모사업을 진행하고 선정 후 협의하면서 공은 혼자 차지하고 일은 나누는 꼴이지만, 전 박사님은 논의 과정에 참여하여 돕고 사업 선정이라는 공은 담당자에게 돌림으로써 이익을 나누었다. 그것으로 행정이 홍성통에 참여할 명분을 만들었다. 이후 사업의 부진함에 대해서까지 홍성통에서 논의하기도 했다.

악취를 풍겨라. 알린스키는 당신의 조직이 사람들이 생각하는 것보다 훨씬 많은 것으로 믿게 만들라고 말했는데, 전영미 박사님은 실무자들과의 대화가 그들의 상급자와 공유되도록 하고, 그들 중 필요한 사람들을 공문의 명단에 올림으로써 실제로 참여하는 사람들보다 더 많이 참여하고 있는 것처럼 보이게 만들었다. 그래서 자꾸 홍성통이 뭔지는 모르지만 사람들 입에 오르내리면서 관심을 보이거나 한 번쯤 가보고 싶다고 여겨지게 되었다. "악취를 풍긴" 셈이다.

조력자로서의 자리. 알린스키는 다른 사람이 사용할 권력을 창조하는 것이 조직가라고 했다. 그러므로 조직의 일원으로서가 아니라 나를 다른 사람으로 세팅하라고 했다. 전영미 박사님은 무슨 일이든 할 때마다 "그럼 도와드릴게요"라고 말했다. 내 일이 아니라 당신의 일을 도와준다고 명시했다. 그러면서 협의의 범위를 결정하고 홍성통의 행정 코디 역할을 만들었다. 정보를 공유하고 논의에 참여해서 어떨 때는 도움을 주고 어떨 때는 성가신 역할을 했다. 그것을 보고 나도 공무원 학습동아리를 만들 때 내 이름을 지웠다. 주제와 내용은 다 잡아주되 회장과 총무는 정규 공무원의 이름을 달았다. 내 이름은 지우고 그들끼리 이어주는 일이라고 생각했는데, 내가 그만두고 계속 이어지지는 못했다고 들었다.

전술은 당신이 가진 것으로 당신이 할 수 있는 것을 하는 것을 의미한다. 알린스키는 권위와 개념, 써먹을 수 있는 것은 모두 활용하라고 한다. 그는 조직운동가로서의 악명(?)까지도 조직화를 위해 썼다는 일화를 소개한다. 알린스키는 시작의 순간에 조직가가 그들의 편이고, 아이디어가 많으며 싸울 줄 안다는 것을 확신시켜야 한다고 말한다. 설사 역량이 없다고 해도 역량이 있다고 믿게 만들어야 한다고. 당시 문제는 내 역량이 전임자에 비해 한참 떨어진다는 걸 이미 모두가 알고 있다는 것이었다. 나 혼자 홍성통을 운영하자 예전처럼 득 볼 것이 없다고 생각한 행정들은 슬슬 빠져나가려고 했다. 당시 마을만들기를 담당하던 팀장님은 나에게 명단에 이름을 빼달라고 직접적으로 말했다. 내가 기자 시절에 비판 기사를 썼다가 곤욕을 치르신 적이 있던 팀장님이었다. 암담해진 나에게 전영미 박사님이 말한 해법은 잠깐 내 귀를 의심하게 했다. "애교를 부리세요."

잘못 들으면 무슨 성희롱 같은 발언일 수 있었지만, 그때 나에게는 아주 적절한 전술이었던 것 같다. 나는 별 볼 일 없는 초짜였고 홍성통에는 결정권이 없으니 다들 올 이유가 없는 상황이었다. 나는 아이스크림을 사들고 팀장님을 찾아갔다. 우물쭈물 제대로 말도 꺼내지 못했다. 팀장님은 그런 나를 보며 하나를 꺼내 쪽쪽 빨아먹더니 "내가 가도 할 수 있는 건 없는데"라고 말했다. 그러면서 그 뒤로도 명단에 이름을 올려두었다. 자괴감이 들었지만, 이 책이 위안을 주었다. 자존심 따위는 내던져버리자. 내 첫 번째 전술은 애교였다. (나중에는 대거리, 울음 같은 것이 추가되었다. 재밌게도 지역에서는 설득보다 보통 이런 감정적인 호소가 잘 먹혀들었다.)

조직가의 덕목

알린스키는, 조직가는 자신의 상상을 통해 다른 사람들의 사건 속으로 부단히 들어가야 한다고 말한다. 그리하여 필요한 것은 **호기심**과 **상상력**, 하지 않았던 것을 하려 하는 **불경함**, 그리고 그것을 풀어내는 **유머 감각**이라고 했다.

호기심. 나는 무엇보다 이 단어에 공감했는데, '이해'는 나와 다른 입장에 있는 사람에 대한 궁금함에서 시작된다고 생각하기 때문이다. 궁금함은 사고형(T) 인간들의 애정 표현이다. 궁금하면 미워하지 않는다. 문제를 해결할 방법을 찾아나선다.

정치적으로 분열적이지만 동시에 잘 융화된 존재. 조직가라면 자신을 두 부분으로 나눌 수 있어야 한다고 했다. 이는 쟁점을 만들어 여러 입장에서 말해보는 기회를 만드는 마을만들기 대화마당이나 다양한 주체들의 발언과 쟁점을 살펴보려는 일소공도 월례세미나의 시도와도 연결된다. 각자의 입장에 대해 다양하게 고려할 수 있어야 훌륭한 조직가가 될 수 있다는 말일 것이다. 사고형(T) 인간들에게는 호재다.

그리고 알린스키는 조직가란 쉬지 않는 창조성이 있어야 한다고 했다. 반복적이고 변하지 않는 것을 참지 못하는 것. 그런데 자리에 연연해하는 사람들의 입장까지 이해해야 하니 어렵기는 하다. 그래서 필요한 것이 유머 감각일까.

그리고 더 나은 세상에 대한 약간의 희미한 전망. 이것은 나의 멘탈을 부여잡는 데 매우 중요했는데, 바로 홍성통에는 끊임없이 급진주의 민간(때로는 행정도) 주체들이 드나들곤 했기 때문이다. 쉽게 성사되는 일은 없기에 나부터 쉽게 좌절하지 않도록 유머 감각을 잃지 않기. 나와 입장이 다른 타인에게 친절해지기 위해서라도 비장함을 빼는 것이 필요했다.

나가며

당시의 나는 이런저런 문장에 위로를 받기도 하고 이것저것 시도해보려고 애를 썼던 것 같다. 지금에 와서는 썩 잘한 것 같지는 않지만, 알린스키라면 그것 역시 그 순간의 최선이라며 응원해주었을 것 같다.

알린스키는 조직화의 가장 큰 어려움으로 사람들이 자신이 무엇을 원하는지 모르고 있다는 점을 언급한다. 주민들은 먼저 행동하고 상황을 바꿀 진정한 기회를 가질 때 비로소 자신들의 문제를 충분히 생각하기 시작한다는 것이다. 노동운동이나 빈민운동보다 마을만들기가 어려운 점은 싸우고 넘어뜨려야 할 표적이 분명하지 않고 충분한 권한도 주어지지 않은 채 무엇을 원하는지 모르는 채 싸우고 있어서가 아닐까. 어쩌면 주변인들의 목소리가 너무 크고 그 주변인들의 경험으로 된 언어로 주민들이 소외되는 것은 아닐까. 그래도 알린스키라면 농촌에서 무언가를 시도하고 실천하고 있는 것만으로도 응원해줄 것 같다.

오래전에 읽은 책이고 또 그 일을 하지 않고 있는 지금, 서평을 쓴다는 것이 계속 마음에 걸렸다. 내가 아무것도 모르던 때 길잡이가 되었던 소중한 책이라 대충 쓰는 것도 두려웠다. 그러다 문득 전영미 박사님을 생각하니까 조금은 풀렸다. 홍성통은 물론 일상과 여성으로서의 고민 그 모든 것에 공감해주시고 같이 고민해주셨던, 내게는 둘도 없는 스승이셨다. 불의의 사고로 안타깝게 세상을 떠나셨다는 사실이 여전히 실감이 나질 않는다.

뒤죽박죽 졸지만 완벽주의보다는 완료주의로. 완벽한 관념보다는 당시의 최선인, 불완전한 실천을 하라고 이 책이 내게 이야기했으니 용기내본다.

저자들

구자인 서울에서 단체 활동과 연구를 병행하다 일본 유학을 통해 농학박사 학위를 취득하였다. 2004년부터 전북 진안군청 임기제공무원 8년과 진안군마을만들기지원센터 및 충남마을만들기지원센터 중간지원조직 8년 등의 경험을 통해 농촌(마을)정책의 '민관협치형 추진체계'에 대한 정책적 안목을 넓혔다. 2021년 3월에 다시 현장으로 돌아와 농촌 면 단위의 정책협업과 선진사례 만들기에 새롭게 도전하고 있다.

권혁범 전남 광주광역시에서 태어나 30대 초반까지 살았다. 존경하던 선배가 시골살이를 제안하여 2007년 사랑하는 아내, 아이들과 함께 영광군 묘량면으로 이주했다. 서울과 대구에서 합류한 다른 동료들과 함께 여민동락공동체 설립에 참여했고 현재는 두 번째 대표를 맡고 있다. 과학교사가 천직이라 생각했는데, 어느덧 농촌 사회복지사로 산 지 18년째다. 오롯이 성숙과 성장의 시간이었다. 모두에게 감사한 마음뿐이다. 여민동락공동체 ymdr@hanmail.net

금창영 홍성군 홍동면에서 농사를 짓는다. 자연농 방식으로 100가지 이상의 작물을 심고 가꾼다. 농촌에 농민만이 아니라 다양한 직업인이 존재해야 하기에 청년과 사회적경제에 관심을 가지고 있다. 노동과 여가, 자기실현의 적절한 균형이 중요하다고 생각해서 경작 면적을 줄여서 지역주민으로서의 역할에 충실하고자 한다.

김경숙 서울에서 은행원으로 치열하게 살다가 2005년에 고향인 면천면으로 귀향하였다. 농협에서 근무하며 농업과 농촌에 관심을 가지게 되었고, 마을과 교육, 문화와 관련된 공동체 활동을 하였다. 면천면농촌중심지활성화사업(2018~2022년) 사무장을 거쳐 지금은 당진시 농촌신활력플러스사업추진단에서 일하고 있다. 일하면서 공부하고, 공부하면서 잘 노는 삶을 꿈꾸며 산다.

김정섭 한국농촌경제연구원 선임연구위원, 마을학회 일소공도 운영위원. 농촌의 지속가능성을 화두삼아 연구하고 있다. 적게 먹고, 삼천 권의 책을 읽고, 산책하고, 가끔 벗이 찾아오면 시절時節을 평評하며 지내고 싶다. 몰라도 아는 체해야 하는 전문 지식 행상을 강요하는 체계와 불화不和하고 싶다. 그러나 뜻대로 되지 않는다는 걸 배우며 산다.

마승철 2009년 군산시 나포면으로 귀촌했다. 농촌 마을의 아이들과 어르신들을 위한 소소한 활동을 하면서 2019년 6월부터 2023년 12월 31일까지 나포면 기초생활거점육성사업 사무장으로 일했다. 산업사회의 비주류인 농촌의 소외된 사람들과 어울려 삶을 살아가고 있다.

박진숙 전북 진안에서 태어나 전주에서 청년 시절을 보내고 과천과 광주 등지를 넘나들며 시민사회운동을 하였다. 2012년 여름, '자립하는 소농'의 꿈을 가지고 전남 곡성으로 귀농하여 토종농사를 짓기 시작하였다. 죽곡농민열린도서관을 중심으로 마을교육공동체와 주민자치회 활동을 하고 있으며 함께마을교육 사회적협동조합을 설립하여 대표를 맡고 있다. 늘 노마드를 꿈꾸며 스스로를 구속하는 불쌍한 마을활동가이다.

안현경 부산에서 태어나 서울에서 공부하고 홍성으로 내려왔다. 홍성신문 기자 생활을 하고 홍성군청 친환경농정발전기획단에서 5년 간 일하며 홍성통을 운영했다. 지금은 아이를 키우며 이런 저런 글을 쓰고 있다.

윤용병 불교귀농학교를 졸업하고 2012년 남원시 산내면으로 이주하여, 먹거리 자급을 위해 친환경농사를 지으면서 (사)한생명에서 마을 사람들, 실상사 공동체와 함께 마을 일을 해왔다. 지금은 '산내면 생명평화마을만들기 추진사업'에 온 힘을 쏟고 있다.

정민철 경주에서 태어나 대구에서 공부했다. 풀무학교와의 인연으로 홍동면으로 이주하여, 농사와 농촌 마을 그리고 교육에 대해 배웠다. 2012년 두 청년과 장곡면에 협동조합으로 젊은협업농장을 만들어 농사를 짓기 시작했다. 아직은 농사를 배우고 싶어하는 청(소)년들과 함께 일한다. 농장이 있는 장곡면 도산리에서 다양한 사람들과 교류하며 농촌 마을의 새로운 가능성을 모색 중이다.
협동조합젊은협업농장 collabofarm@gmail.com, collabo-farm.com

최대영 서울에서 대안초등학교인 삼각산재미난학교에서 10년간 일했다. 2014년 춘천 사북면으로 이사하여 춘천산골마을협동조합 체험사업단장, 농촌체험휴양마을 사무장을 거쳐 춘천별빛 사회적협동조합 나이들기좋은마을 팀장으로 일하며 이웃복지사 개념을 도입하여 행정리 마을 어르신의 돌봄체계 구축에 힘을 쏟았다. 현재는 소양강댐노인복지관 복지사업팀장으로 이직하여 소양강변 4개 읍면을 대상으로 이웃복지사 확대와 읍면 네트워크 구축을 꾀하고 있다.

홍승미 젊은 시절 천안YMCA, 아산아이쿱생협에서 배우고 일하며 보다 나은 시민사회를 만들어가고자 살아왔다. 2000년에 아이를 낳으면서 소박하고 아름다운 송악마을에 들어와 살며 마을에서 재미난 것들을 찾으면서 함께 살아가고 싶다는 바람으로 마을공동체 일도 하게 되었다. 2004년 송악반딧불이아동센터를 설립하고 생활복지사로 활동하였고, 지금은 사회적협동조합 송악동네사람들 상임이사로 활동하고 있다.

황종규 경북 의성에서 태어나 60년을 대구·경북에서 살아내면서 '자발적 로컬리스트'를 꿈꾸었다. 대학에서 가르치고 연구하는 일이 직업이지만, 현장이 궁금하고 활동가 닮은 선생이 되고 싶었다. 거대 담론의 습속을 아직 털어내진 못하여 '깨어 있는 시민'보다 '자치하는 주민'이 '성장 이후 시대'의 당사자가 될 것임을 믿으며, 나도 고향 마을주민이 될 날이 그날일 것이다.

마을 총목차

창간호 | 2017. 12. 17.
농촌에서 공부하다

열며
다시 마을의 삶을 상상한다 | 박영선
트임 | 농촌에서 공부하다
대화와 학습, 마을을 만드는 일 | 김정섭
농과 촌, 일과 학습, 마을과 학교—
충남 홍성군 장곡면 젊은협업농장의
실험 | 정민철
학교를 넘어 마을과 함께 | 양병찬
울림
21세기의 일소공도 정신,
진리에 바탕한 사랑의 실천 |
홍순명, 이번영, 신소희, 장유리
이음 | 마을사람들의 도서관
홍동밝맑도서관이 세워지기까지 | 이번영
안남배바우작은도서관과
주민 자치 | 황민호
비판과 저항으로서의 책읽기 | 안찬수
스밈
천 개의 기억 1—
문화동어린이집 | 정예화, 장유리, 신소희
억울함과 공동체 | 금창영
홍동인상기 | 김건우
새로운 물결 | 신관호
홍성통, 청년을 공부하다 | 안현경
우리 지역에서 결혼하고 아이 낳으면
다른 데보다 돈 더 줄게 | 김명숙

번짐
일하는 노자—도가의 마을 구조 | 함성호
'정통 우익'의 장소적 기원,
혹은 온전히 설명되지 않은 그 용어
—김건우의 『대한민국의 설계자들』을
읽고 | 장정일
부록 | 마을학회 일소공도 소개

통권 2호 | 2018. 7. 27.
마을, 교육, 마을교육공동체

열며
마을, 교육환경에서 교육 주체로 |
김정섭, 박영선
트임 | 마을, 교육, 마을교육공동체
마을이 학교라더니? |
김정섭, 안현경, 정민철
마을교육공동체가 아니라
마을학교공동체다 | 임경수
마을 사람들이 마을을 위하여:
초록누리협동조합이 걸어가는 길 | 박진희
이음 | 마을 사람들의 아이 키우기
주민들이 세운 갓골어린이집 |
이번영, 장유리
사람과 마을을 변화시키는
공동육아 | 국승용
벼림
농촌의 지속가능성, 미래의 농민,
도전해야 할 과제 | 김정섭, 정민철, 황수철
스밈
천 개의 기억2: 현광학원 | 이민형, 신소희
상하중 마을의 옛 이름 | 신관호
진정 진심이 만나서야 말로 | 금창영

친환경 농업과 함께 살기 | 김경숙
꽃피는학교의 젊은협업농장 체험
보고서 | 송영미
숲에서 | 이준표
번짐
장소와 교육 | 장정일
일하는 노자2: 인(仁)의 마을에서 | 함성호
한국의 농민 연구, 미래를 그려보자:
얀 다우 판 더르 플루흐의
『농민과 농업』을 읽고 | 송원규
부록 | 마을학회 일소공도 창립선언문
함께 만드는 사람들
활동소식

통권 3호 | 2019. 1. 24.
농지, 미래의 농農을 위한 땅

열며
공동의 땅, 공동의 기억과 미래를 위해 |
박영선
트임 | **농지, 미래의 농農을 위한 땅**
한국 근현대 농지제도의 변천과
농업의 미래 | 박석두
청년 창업농과 농지지원정책:
청년 창업농은 '어떻게' 농지를 확보하여
이용하고 있는가? | 이향미
지속가능한 농지 공유화와 보전 | 홍순명
정농회의 공유농지운동 | 금창영
이음 | **농업환경 보전정책과 농촌 현실**
농업생태환경 프로그램의 도입과
향후 과제 | 이관률
농업환경의 보전과 지역사회의 실천:
네덜란드 지역협동조합의

기원과 특징 | 김정섭
벼림 | **농업농촌농민 연속좌담**
다기능 농업과 새로운 농민 |
김정섭, 정민철, 황수철
스밈
금평리 김애마을 만주노인과 마을땅 |
최성윤, 이번영, 장유리
농부와 땅과 집 | 최문철
나의 유기인증 취소 체험기 | 조대성
숨은자원모으기 행사의 숨은 의미 |
정영환
스마트팜과 땅을 일구는 삶 | 김세빈
풀무학교와 젊은협업농장 | 정민철
번짐
인간은 책임을 회피하지 말라:
『인류세』와 『다른 세상을 위한
7가지 대안』 | 장정일
풍류와 공부 | 함성호
어의도—기억과 소멸 | 강홍구
지역창작공간의 사회적 의미:
충남 홍성군 이응노의 집 | 윤후영
마을의 삶을 소환하는
마을사진가들 | 박영선
부록 | 마을학회 일소공도 소개와
활동 기록

통권 4호 | 2019. 8. 30.
농민과 주민은 누구인가

열며
국가와 법의 호명 너머 | 박영선
트임 | **농민과 주민**
농업인인가 농민인가 | 김정섭

농민 농업, 자율과 협동 |
얀 다우 판 더르 플루흐
여성농업인의 자리는 어디인가 | 김귀영
청년 농민을 키우는 지역의 실천농장 |
김기흥
누가 마을의 주인인가, 주민은 누구인가:
변화하는 농촌 사회, '마을 주민이 될
자격'을 다시 묻다 | 구자인
**포토에세이 | 한국 근현대 마을 공간
변천기 2**
사진/2번 국도 마을 풍경 | 이영섭
글/2번 국도 마을 풍경의 조건 | 이경민
스밈 | 농촌으로부터
윤재영 씨 | 홍순명
Beyond 소농 | 조대성
협동조합젊은협업농장 실험보고서 2
젊은협업농장과 마을 | 정민철
일하는 노자 4
풍류에서 살기: 비보풍수와 도시재생 |
함성호
벼림 | 농업·농촌·농민 연속좌담 3
지역농업 조직화와 마을만들기 |
구자인, 김정섭, 정민철
서평 | 책 너머 삶을 읽다
촘스키가 없는 미국은 얼마나
끔찍할까 | 장정일
새로운 지역공동체를 위한
마을 속의 집 | 정기황

통권 5호 | 2020.2.20.
마을농업을 제안한다

열며

농업과 농촌의 상호지속은 어떻게
가능한가 | 박영선
트임 | 마을농업을 제안한다
왜 마을농업인가 | 구자인
전근대 농촌 사회의 두레 다시
보기 | 배영동
일본 집락영농의 현황과 시사점 | 유정규
농업환경 보전과 마을농업 | 김정섭
벼림 | 농업·농촌·농민 연속좌담 4
마을과 농업 | 구자인, 김정섭, 정민철
**포토 에세이 | 한국 근현대 마을공간
변천기 3**
불안, 불-안 | 정주하
스밈 | 농촌으로부터
귀농 20년, 기억나는 말들 | 길종갑
소농의 힘은 어디서 오는가 | 금창영
「윤재영 씨」, 그 뒤 | 홍순명
협동조합젊은협업농장 실험보고서 3
협동조합과 젊은협업농장 | 정민철
일하는 노자 5
이야기가 만드는 인간과
공동체의 가치 | 함성호
서평 | 책 너머 삶을 읽다
꿈이 부담스러운 나이 | 조대성
생태를 보호하는 법과
'생태적 법질서' | 장정일

통권 6호 | 2020.9.18.
코로나 이후 사회와 농촌의 가능성
자치와 지원/보조, 그 경계의 불편함

열며
지금은 자본주의 시스템 전환을 위해

연대할 때 | 박영선
트임1 | 코로나 이후 사회와 농촌의 가능성
'더불어 삶'의 궁리, 코로나 이후 '철학'의
쓸모 | 유대칠
코로나 이후의 경제?:
아직도 끊임없이 성장해야 한다는
'GDP의 논리'가 판을 친다 | 김상철
코로나에서 희망 읽기: 정신의료 상황과
사회적 농업의 가치 | 안병은
사회적 거리 '좁히기' | 정기황
**포토 에세이 | 한국 근현대 마을공간
변천기 4**
변방의 가을 | 강홍구
**트임2 | 자치와 지원/보조,
그 경계의 불편함**
농업·농촌에 쓰이는 공공재정,
어떻게 볼 것인가 | 김정섭
보조사업 이대로 괜찮습니까?:
마을공동체의 자산화를
모색하며 | 임경수
보조사업이 농업과 농민에게 미치는
영향 | 박기윤
행정 보조금의 의미와 개선점 | 구자인
마을 자립 과정에 대한 보고서:
협동조합젊은협업농장 주변에 투입된
보조금에 관하여 | 정민철
벼림 | 농업·농촌·농민 연속좌담 5
농촌 마을에 보조금이 들어오면 | 강마야,
구자인, 김정섭, 정민철
서평 | 책 너머 삶을 읽다
정착이라는 신화: 『농경의 배신』 | 장정일
삶의 자세로서 '리터러시': 『유튜브는
책을 집어삼킬 것인가』 | 김건우

통권 7호 | 2021.3.19.
21세기 농촌 마을 문화의 재구성

열며
공통적인 것과 문화하는 삶 | 박영선
트임 | 21세기 농촌 마을 문화의 재구성
마지막 혁명 | 함성호
21세기 농촌에서 전통과 민속,
향토와 장소는 무엇인가 | 안승택
농촌의 다원적 정체성과 바람직한
농촌다움 | 진명숙
농촌을 위한 과학, 농촌에 의한 과학 |
유상균
모두를 위한 농사, 탄소를 줄일
적정기술 함께 찾기 | 정영환
리눅스 운영체제로 가꾼
소리텃밭 | 권병준
나날의 살림살이 되짚으며 스스로
성찰하게 도와줄 새로운 미술의
모습을 찾아서 | 김학량
**포토에세이 | 한국 근현대 마을 공간
변천기 5**
세기말 풍경, 강경江景
1998~2000 | 유현민
스밈 | 농촌으로부터
언택트 공연, 아마추어 기획자에게
1000만 원이 주어진다면 | 조대성
협동조합젊은협업농장 실험보고서 4 |
협업농장과 학습 정민철
벼림 | 농업·농촌·농민 연속좌담 6
기후위기와 농사 |
강마야, 금창영, 김정섭, 정민철
연재 | 마을살이를 위한 개념어사전 1 |

커먼즈, 코뮌, 커뮤니티
콤무니스communis의 존재들 | 유대칠
서평 | 책 너머 삶을 읽다
세계사의 또 다른 쪽 | 장정일
제임스 C. 스콧의 『우리는 모두 아나키스트다』
농민, 잃어버린 20년과 앞으로의
20년 | 정기황
리차드 세넷의 『장인—현대문명이 잃어버린
생각하는 손』

통권 8호 | 2021.10.20.
마을을 살리는 먹거리 운동

열며
다시 던지는 질문 | 박영선
트임 | 마을을 살리는 먹거리 운동
마을의 먹거리 순환과
지역자급론 | 구자인
먹거리 운동의 작은 역사 | 송원규
다시 농민조직을 생각한다 | 정영환
마을의 먹거리 정의는 가능한가 | 박진희
언니네텃밭 꾸러미 사업의 경험과
시사점 | 구점숙
소비자가 바라본 대안 먹거리 운동 |
정은정
농식품 폐기물을 어떻게 줄일 것인가 |
홍연아
**포토에세이 | 한국 근현대 마을 공간
변천기 6**
시골장터 이야기 | 정영신
벼림 | 농민·농업·농촌 연속좌담 7
마을을 위한 먹거리 순환 관계망 |
김경숙·김정섭·이보은·정상진·정천섭 외

스밈 | 농촌으로부터
전통시장, 로컬푸드, 텃밭장터 | 복권승
변두리의 성찰과 모험의 윤리 | 정민철
지상전시
과객—부모님의 연필 | 김학량
특별기고
덕의 회복과 공정사회 이론 | 함성호
**연재 | 마을살이를 위한 개념어사전 2 |
거버넌스**
힘겨움의 주체들과 더불어 | 유대칠
서평 | 책 너머 삶을 읽다
비웃음을 당한 철학자들 | 장정일
슬라보예 지젝의 『잃어버린 시간을 위한 연대기—
팬데믹을 철학적으로 사유해야 하는 이유』
조르조 아감벤의 『얼굴 없는 인간—팬데믹에 대한
인문학적 사유』

통권 9호 | 2022. 3. 5.
마을, 돌봄, 직접민주주의

열며
오래된-새로운 삶의 문턱 | 박영선
트임 1 | 마을과 돌봄
마을복지—서로돌봄의 이상과
현실 | 김영란
지역사회와 노인돌봄 | 권혁범
삶의 마지막 거소를 짓다 | 안병은
왜 사회적 농업을 실천하자고
하는가 | 김정섭
스밈 | 농촌으로부터
죽곡면 마을자치공동체 이야기 | 박진숙
농민이 바라보는 기후위기 | 금창영
청년에게 농촌은 무엇인가 | 김이선

벼림 | 농민·농업·농촌 연속좌담 8
마을과 돌봄 |
구자인, 정민철, 김정섭, 신소희

지상전시 2
실재하는 두꺼비가 사는 상상의 정원
—『우화집: 달-두꺼비의 정원들』| 임고은,
귀네비어 고은 임 체이스, 김단비, 이한범

트임 2 | 직접민주주의와 마을자치
직접민주주주의 강화를 위한 농촌 면 자치
—한국 지방자치사의 맥락에서 | 황종규
마을과 면읍, 직접민주주의와 선거 |
하승수
독립운동 지도자들, 면 자치에
참여하다 | 이번영
농촌 마을에서 민주주의를 생각한다—
행정리 이장의 경험과 성찰 | 박종관

연재 | 마을살이를 위한 개념어사전 3 |
회복력
제모습으로 제자리에 돌아가려는 힘 |
유대칠

서평 | 책 너머 삶을 읽다
돌봄을 '보이게' 하기 | 장정일
에바 페더 커테이, 『돌봄: 사랑의 노동』(박영사, 2016)
조안 C. 트론토, 『돌봄 민주주의』(박영사, 2021)
이대남을 위한 변명 | 오준호
아즈마 히로키, 『관광객의 철학』(리시올, 2020)

통권 10호 | 2022. 11. 30.
농촌의 지속가능성과 사회적 경제

열며
농촌을 살리려는 자생적 실천들
트임 | 농촌의 지속가능성과 사회적 경제
농촌에 펼쳐진 사회적 경제 실천의
지형과 전망 | 김정섭
농촌에서 사회적 경제가 '뿌리내리기'
위해 풀어야 할 과제 | 황영모
인구 과소화 농촌 주민의 '구매난민'
탈출기
—영광군 묘량면의 동락점빵 사회적
협동조합 | 권혁범
연대와 협업을 통한 사회적 경제 생태계
구축
—완주사회적경제네트워크의
경험 | 이효진
학교는 협동조합의 '산실'이었다
—풀무학교학생협동조합의 역할과 의미 |
이번영

스밈 | 농촌으로부터
기후위기와 농민, 그리고 대안 | 금창영

지상전시 3
신안 바다—뻘, 모래, 바람 | 강홍구

벼림 | 농민·농업·농촌 연속좌담 9
농촌에서 사회적 경제가 뿌리를
내리려면 |
구자인, 김정섭, 신소희, 안병은, 정민철,
황영모

일하는 노자 6
동아시아에서 하늘天의 개념은
어떻게 변화해왔는가 | 함성호

마을살이를 위한 개념어사전 4 | 탈성장
홀로 삶이 아닌 더불어 삶 | 유대칠

지상전시 4
유령극장, 심각한 밤을 보내리—
홍동저수지 | 권병준

서평 | 책 너머 삶을 읽다
다시, 무엇을 할 것인가? | 장정일

브뤼노 라투르·니콜라이 슐츠,
『녹색 계급의 출현』(이음, 2022)
나는 내게 가장 위험한 타인이다 | 강정
토니 모리슨, 『타인의 기원』(바다출판사, 2002)

통권 11호 | 2024.7.15.
**농촌 활동가의
정체성, 역할, 학습, 양성**

열며
농촌 지역사회의 변화는 어디에서
오는가 | 금창영
**트임 | 농촌 활동가의
정체성, 역할, 학습, 양성**
농촌 지역사회의 변화를 위해 '매체적
활동'을 촉진하는 농촌 활동가 | 김정섭
농촌 중간지원조직 활동가의 필요성과
육성 체계—개인적인 실천 경험에서 나온
평가와 제안 | 구자인
농촌 현실에 기반한 지역사회복지
활동가들의 소명과 육성 전략 | 권혁범
농민·농촌 활동가,
어떻게 키울 수 있을까 | 정민철
지역사회조직들의 관계 안에서 활동가의
운신이란—메우고 연결하기 | 이효진
스밈 | 농촌으로부터
마을만들기 활동가의 성장기 | 심수진
행정과 농민 사이에서,
활동가의 고민 | 김대헌
귀농귀촌에서 농촌 활동가로 | 박진희
벼림 | 농민·농업·농촌 연속좌담 10
농촌 활동가, 어떻게 양성할 것인가 |
구자인, 권혁범, 김정섭, 정민철

서평 | 책 너머 삶을 읽다
우리는 하나가 되어야 한다 | 금창영
브뤼노 라투르·니콜라이 슐츠,
『녹색 계급의 출현』(이음, 2022)

마을의 삶은
모두가
연결되어 있다는
진실에
공감하면서부터
시작됩니다

마을

농촌의 지속가능성과 사회적 경제

마을학회 일소공도

마을학회 일소공도
강학회 講學會

1박2일 12시간 연속 강연!
바쁜 삶을 되돌아보는 휴식과
좋은 삶을 찾는 공부가
깊고 행복하게 농촌에서 만납니다

강학講學은 조선시대 서원에서 스승과 유생이 함께 경서를 강독하고 뜻을 풀이하며 문답하는 학습 방식입니다. 강학 활동 중에서도 강회講會, symposium는 유능한 스승을 모셔 특정 주제나 교재를 중심으로 여러 사람이 모여 며칠밤낮으로 집중적인 논의와 토론을 하는 집단학습을 말합니다. 서원과 마을이 함께 배움의 장을 열고, 스승과 제자가 서로 도와 앎을 이루어가며, 그 공부를 생활세계인 마을의 결속으로 연결하는 강회의 정신은 마을학회 일소공도의 뜻과 맞닿아 있습니다.

마을학회 일소공도 강학회

언젠가부터 공부는 대처로 나가서 해야 하고, 농촌은 못 배운 사람들이 힘겹게 일만 하는 곳으로 여겨져 왔습니다. 이런 통념을 뒤집는 발상의 전환이 필요합니다.

　농촌이야말로 자연과의 교감 속에서 바쁜 삶을 되돌아보는 휴식의 시간과 공부의 시간이 행복하게 만나는, 생성적 공간일 수 있습니다.

　한겨울과 한여름은 농촌에서나 도시에서나 비교적 여유로운 때입니다. 이런 때에 도시와 농촌 사람들이 경계 없이 모여, 한 분야에서 일가를 이룬 사람의 공부와 삶을 깊고 밀도 있게 만나고 대화할 수 있다면 어떨까요?

　소비하는 휴가가 아니라 공부와 친교를 통해 삶을 성찰하고 변화하는 휴가를 농촌에서 보내는 것은 어떨까요?

　농촌을 공동학습과 성장의 공간으로 재발견하고, 길고 여유로운 호흡 속에서 공부와 휴식의 시간을 누릴 수 있도록, 마을학회 일소공도는 한 분의 강사가 1박2일 12시간 강연하는 강학회를 여름과 겨울 휴가철에 엽니다.

제13회　먹고 기록하고 연합하라 | 2024.8.9~10
정은정 | 농촌사회학자

제12회　얼치기 기록가의 시각으로 보는 농촌마을에 대한 민속적-역사적 이해 | 2024.2.2~3
복권승 | 터무니연구소 대표

제11회　경제사의 빅 히스토리 | 2023.8.4~5
홍기빈 | 정치경제학자

제10회 아둔한 사람의 어줍짢은 경험 나누기 | 2023.2.17~18
유정규 | 의성군이웃사촌지원센터 센터장

제9회 서바이벌 그리고 파상력破像力 | 2022.8.12~13
김홍중 | 사회학자

제8회 기술 자본주의와 우리의 삶 | 2022.2.18~19
박승일 | 서강대 미디어융합연구소 선임연구원

제7회 농촌에 농민만 살았던 적도 없었고 농민이 농사만 지었던 적도 없었다 | 2020.7.25
임경수 | 협동조합 이장 대표

제6회 유라시아 견문부터 개벽파 선언까지 | 2020.2.21~22
이병한 | EARTH+ 대표, 원강대학교 동북아인문사회연구소 교수

제5회 농촌마을정책, 우리 스스로 만드는 정책 설계 | 2019.7.19~20
구자인 | 충남마을만들기지원센터장

제4회 문명사: 우리는 누구인가? | 2019.1.25~26
함성호 | 건축가, 시인, 건축실험집단EON 대표
소리도움 | 권병준 | 다매체 예술가

제3회 한국농업사: 땅과 농민의 삶 | 2018.7.27~28
박석두 | 한국농업사학회 회장, 전 한국농촌경제연구원 선임연구위원

제2회 현대한국지성사: 『대한민국의 설계자들』을 중심으로 | 2018.1.19~20
김건우 | 대전대 국어국문창작학과 교수

제1회 농민의 자율성, 체계의 변화 | 2017.7.28~29
김정섭 | 한국농촌경제연구원 연구위원

충남연구원 충남마을만들기지원센터에서는 농촌 마을 지도자들이 읽을 만한 학습용 잡지로 1년에 네 번『마을독본』을 발간하고 있습니다.『마을독본』은 단순히 활동 소식을 전하는 뉴스레터나 신문이 아니라, 들고 다니며 읽을 수 있고 책꽂이에도 보관할 수 있는 실용적인 잡지 형식을 취하고 있습니다. 잡지 명칭은 윤봉길 의사(1908~1932)의『농민독본』에서 따왔습니다. 이 잡지가 농촌 마을을 지키고 이끌어가야 할 마을 지도자들이 마을만들기를 학습하는 데 밝은 길잡이가 되었으면 좋겠습니다.

함께 모여 공부하는 마을

창간준비 1호	마을의 주민조직
창간준비 2호	마을의 공동재산 관리
제1호 창간호	마을자치규약
제2호	마을 회의와 기록관리
제3호	마을공동체 농업: 초고령화 시대의 농업
제4호	마을공동체 복지: 요람에서 무덤까지, 농촌복지의 길
제5호	마을교육공동체: 학교와 마을은 어떻게 만날까?
제6호	마을의 후계자: 누가 마을을 이어갈 것인가?
제7호	읍면과 행정리: 주민자치회 전환과 직접민주주의
제8호	농촌마을교통: 우리에게도 이동할 권리가 있다
제9호	마을회관: 농촌공동체 복지의 중심공간
제10호	마을 경관: 자연과 더불어 살아가는 주민들의 약속
제11호	농촌 마을건축: 마을공동체의 삶을 담는 그릇
제12호	마을계획: 5년 앞을 내다보는 실천
제13호	마을만들기협의회: 마을과 마을의 연대와 협력
제14호	마을 네트워크 법인: 농촌마을정책의 주인공
제15호	마을만들기 행정, 공무원도 마을활동가
제16호	마을만들기 중간지원조직, 농촌 마을의 친구
제17호	마을만들기 행정보조사업, '독'인가? '약'인가?
제18호	마을 사업의 새로운 관점과 방법론을 제안하다
제19호	마을 공동시설의 사후관리, 어떻게 할 것인가?
제20호	마을경관: 자연과 더불어 살아가는 주민들의 약속

발행처 | 충청남도·충남연구원·충남마을만들기지원센터
값 5,000원 | 구입문의 시골문화사 010-3261-2078

평민마을학교

평민마을학교가 생각하는 학습은 일x학습x만들기x놀이를 통해 21세기 농촌 마을이 앎과 삶, 생활문화를 생성해가는 과정입니다. 젊은이들이 농촌 마을에서 새로운 삶의 방식을 모색하는 데 필요한, 다양하면서도 서로 연결된 통합적 내용들로 학습이 이루어집니다.

농사, 학습, 놀이를 더불어하며
삶과 앎이 만나는
21세기 농촌의 새로운 마을학습생태계

평민마을학교

평민마을학교는 농촌으로 들어오는 젊은이들에게 농사일과 농촌 마을살이, 자기 성장에 필요한 학습 기회를 제공합니다. 마을로 들어온 청년들이, 마을 사람들과 함께 평생에 걸쳐 학습과 성장을 이어갈 열린 학습생태계를 온 마을로 펼칩니다.

- 마을이 교정이고 마을 자체가 학교가 됩니다.
- 농사가 농촌 삶의 시작입니다.
- 21세기의 농사와 농촌살이에 필요한 모든 일과 주제가 학습 내용이 됩니다.
- 서로 가르치며 서로 배우고, 어울려 놀면서 더불어 성장합니다.
- 입학은 있지만 졸업은 없습니다.

함께하는 단체

사단법인 홍동밝맑도서관
마을학회 일소공도
마을연구소 일소공도 협동조합
오누이친환경마을협동조합
풀무교육연구소
학교법인 풀무학원

협동조합젊은협업농장
협동조합행복농장
풀무배움농장
채소농장
월천농장

평민강좌

정규강좌
월 읽고 쓰다
수 《생명수》 읽기 모임
목 마을의 주변
금 한국 근·현대사와 지역
토 바이시끌(월 1회)

특별강좌
현장실습
별의별 이주농부
마을학회 일소공도의 월례세미나·강학회·일소공도대회
마을단체들의 특별세미나

문의

마을로 들어오기
평민마을학교는 단순한 교육 프로그램이 아니라, 농촌 마을에서 살아가며 농민의 일상을 생생하게 경험하는 마을학습생태계입니다.

사무국   충남 홍성군 홍동면 광금남로 658-8 창작소(평민마을학교 공유공간)
홈페이지   commulearn.org
메일   commulearn.org@gmail.com

마을 12	2024년 | 통권 12호	
펴낸날	2024년 8월 5일	

마을학회 일소공도
편집위원장 금창영
편집위원 강마야 권봉관 김선아 김영규 노승복 복권승 진명숙
기획책임 구자인
편집간사 강윤정

편집 금창영
교열교정 장현숙 김현희
디자인 김나영
제호 손글씨 고은이
광고사진 김세빈

펴낸곳 시골문화사
등록일 1981년 11월 2일
등록번호 제460-4600000251001981000001호
펴낸이 금창영

주소 충남 홍성군 광금남로 658-8
전화 010-3261-2078
이메일 maeulogy@naver.com
홈페이지 https://cafe.naver.com/oolocalsociety

인쇄제본 경북프린팅
제작판매 시골문화사
온라인서점 영업대행 및 반품 한국출판협동조합 02-716-5616~9

정가 15,000원 파본은 교환해드립니다.

이 책에 실린 글과 도판은 무단 전재하거나 복제해서 사용할 수 없습니다.

ISBN 979-11-967790-9-2

이 도서의 국립중앙도서관 출판예정도서목록(CIP)은 서지정보유통지원시스템 홈페이지(http://seoji.nl.go.kr)와
국가자료종합목록 구축시스템(http://kolis-net.nl.go.kr)에서 이용하실 수 있습니다. (CIP제어번호 : CIP2019032744)